RAMÓN LISTA

LOS INDIOS TEHUELCHES

una raza que desaparece

Lista , Ramón
Los indios tehuelches, una raza que desaparece - 1a ed. -
Buenos Aires : Patagonia Sur, 2006.
128 p. ; 19x13 cm.

ISBN 987-22830-0-1

1. Historia Argentina. I. Título
CDD 982

Fecha de catalogación: 12/04/2006

GRACIAS:

Jorge Rodríguez Correa
Rosamaría Paradera
Susana Lemos
Blanca Peri
Hotel Aldebarán
Estancia Sierra Andía

www.aldebaranpatagonia.com - www.estanciasierraandia.com.ar
www.elcaminodeltehuelche.com - www.tehuelchetrail.com

www.patagonia-sur.com

Se ha hecho el depósito de ley 11.723
ISBN-10: 987-22830-0-1 / ISBN-13: 978-987-22830-0-1
©2006, Patagonia Sur Ediciones
Buenos Aires - Argentina
Impreso en la Argentina - Printed in Argentina

Reservados todos los derechos. Queda rigurosamente prohibida sin la autorización escrita de los titulares de "Copyright", bajo las sanciones establecidas en las leyes, la reproducción total o parcial de esta obra por cualquier medio o procedimiento, incluído la reprografía y el tratamineto informático.

AL LECTOR

En la tierra de los Tehuelches, existe una estancia donde aun sigue vivo su espíritu.

Después de un enorme esfuerzo para acondicionar a Sierra Andia, que hacia años estaba abandonada, tal vez como nuestro recuerdo para los primeros moradores de estas tierras. Convertimos esta estancia en un reducto maravilloso, por su flora y fauna, intentamos hacerla conocer al mundo.

El Cerro Pampa, único lugar en nuestro sur con un monte de oxidiana, material con que los Tehuelches fabricaban sus flechas.

Desde la Estancia Sierra Andia, hemos realizado una apuesta histórica, que llamamos El camino del Tehuelche, un recorrido de ocho días donde cada jornada estará repleta de sorpresas turísticas y culturales.

Desandando el camino hecho por los Tehuelches, nos vamos al norte y con el mismo espíritu de mantener nuestras costumbres y habitar en armonía con la naturaleza nos encontraremos con el Hotel Aldebaran, su nombre nos remite a la más brillante estrella de la constelación de Tauro, el origen de la palabra es "el seguidor", tenemos la esperanza que los Tehuelches, igual que los lectores nos sigan en esta aventura que es recorrer nuestra Patagonia, con lugares inmersos en paisajes irreales, salpicado de bosques, cerros y aguas de deshielo.

Nuestra propuesta es invitar a los lectores a conocer lugares e historias que permitirán mantener siempre vivos a nuestros Tehuelches.

Estancia Sierra Andia	*Hotel Aldebarán*
El camino del Tehuelche	*Prov. De Rio Negro*
Prov. De Santa Cruz	

SOBRE EL AUTOR

La llamada Generación del 80 es sin lugar a dudas la protagonista de uno de los episodios más dinámicos que haya conocido nuestro país. El positivismo cientificista de su jefe más relevante, Julio Argentino Roca, por entonces presidente de la Nación, se concebía como la única alternativa posible para mitigar el hegemonismo y el divisionismo porteño y proyectar un modelo de país sustentado filosóficamente en ese concepto de progreso indefinido del hombre "civilizado".

Los aspectos lúcidos de la gestión llevada adelante por esta camada de hombres hacedores, dejaron un trazado general donde ha sido mucho lo positivo y perdurable sin soslayarse por ello las equivocaciones que suelen empañar las avanzadas de los hombres.

Dentro de su estrategia, la cuestión territorial se desarrolló como una política de Estado concisa y coherente, pues había que unificar la Nación de norte a sur y conectar el Cuyo con el Atlántico. Con esta lógica se hacía imprescindible hacer pie en el espacio patagónico, sujeto desde siempre a litigios de pertenencia con los vecinos chilenos, para lo cual se requirió la presencia inmediata y formal de representantes del Gobierno o de instituciones científicas del país para relevar la zona, marcarla e informar acerca de sus características y potencialidades.

La figura del perito Moreno ha sido la descollante entre ese puñado de hombres que involucran entre otros a Carlos María Moyano, Luis Jorge Fontana, Luis Piedrabuena, Valentín Feilberg y Ramón Lista.

Este último -autor del libro que reedita Patagonia Sur- fue una figura verdaderamente singular entre los exploradores criollos al servicio del Estado nacional, y no sólo en el sur del país, sino a lo largo y a lo ancho del mismo. De hecho muere asesinado en territorio salteño, cuando se dirigía, en noviembre de 1897, a las nacientes del Pilcomayo, con el propósito de navegarlo hasta su desembocadura en el río Paraguay.

Lista fue un hombre de acción que vivió sus 41 años con una intensidad vertiginosa. Recorrió la tierra palmo a palmo como un obsesionado rabdomante. Buscó en los puntos más recónditos los sitios apropiados para los sueños de desarrollo del proyecto de su tiempo y, por sobre todas las cosas, no soslayó la presencia de los hijos originarios de la tierra –particularmente los tehuelches– a los que siempre consideró luces en el desierto y aliados del hombre blanco en el proceso de ocupación territorial de la administración argentina en la Patagonia.

Había nacido el 13 de septiembre de 1856 en Buenos Aires. Era nieto del coronel Ramón José Lista y Viamonte, oficial de granaderos de San Martín, héroe de Chacabuco, Carampagüe, Cerro del Morro y decenas de batallas por la Independencia, que seguramente le inspiró el carácter fuerte y pertinaz de su abuelo.

En 1877, a pedido de la Sociedad Científica Argentina, presidida entones por Estanislao Zeballos, intentó su primera exploración del río Chico, en Santa Cruz, la cual se postergó hasta el año siguiente en razón de que a su llegada a Punta Arenas había estallado el llamado "Motín de los Artilleros", una estridente rebelión de presos militares chilenos que incendió parte la ciudad dejando casi un centenar de muertos, robándose el tesoro de la ciudad y escapando a campo traviesa hasta ser detenidos, ya diezmados, en Puerto Deseado, unos meses después del suceso.

Luego siguió una sucesión de trabajos interminables de reconocimiento y evaluación topo hidrográfica, biológica y antropológica. Realizó la primera exploración a la costa oriental de la Tierra del Fuego, plantando bandera el 24 de diciembre de 1886 en Bahía Tethis. Gobernó y organizó administrativamente el Territorio Nacional de Santa Cruz desde 1887 a 1892.

Los años de transhumancia en la vieja Patagonia, produjeron en el explorador un cambio de cosmovisión originado en la convivencia con los hijos del desierto, de quienes supo valorar sus usos y costumbres, adaptándose a una forma de vida decididamente alejada de su formación original, a tal punto que terminaría sus días como funcionario relevado por las autoridades de Buenos Aires en razón de sus vínculos con los "salvajes".

A tal punto de realismo había llegado esta mutación, que de su unión con la india tehuelche Koila, nació una hija a quien bautizó Cecilia Ramona Lista, como para que quedase claro que no tenía la menor intención de ocultar su relación con los indígenas, muy a pesar de su matrimonio legítimo con la poeta Agustina Andrade.

La voluntad de reivindicar y defender a la etnia patagónica está reflejada en este libro "Los indios tehuelches, una raza que desaparece",- uno de sus 41 trabajos escritos- en el que denuncia la desaprensión de los gobiernos argentino y chileno para con los naturales.

En el mismo, el lector contará con las valoraciones del hombre que convivió con esa desaparecida comunidad originaria de la Argentina, ahondando en sus usos, costumbres y hasta en su cosmogonía, sin especulaciones de ninguna naturaleza.

Polémico, sin lugar a dudas, de carácter terminante; su pensamiento y accionar tuvieron las contradicciones de aquellos hombres que hacen constantemente, prescindiendo de las burocracias lejanas de lo que acontece en la vida real, desandando caminos y abandonando el mencionado concepto de progreso indefinido –*overcivilezed*, como diría W.H Hudson- que lo llevó a encontrarse con formas de vida diametralmente opuestas, a la programación ética y estética en la que estaba formado para encontrar la paz del alma que reitera en muchos de sus textos.

A partir de esta separación forzada, que como se dijo, se produjo por orden del gobierno nacional al imputarle el abandono de la Gobernación y asentarse en una toldería tehuelche en Paso del Roble, a unas cuarenta leguas hacia la cordillera desde Río Gallegos -tarea que le cupo al oficial de Ejército Juan Víctor París, quien lo narra en sus memorias y al no haber decidido, probablemente fruto de sus contradicciones quedarse para siempre entre los tehuelches, anduvo sin rumbo fijo –valga el término para un explorador–, mal cuidado, algo enfermo y sin ocupaciones relevantes.

De vuelta en Buenos Aires realizó algunos trabajos para la Oficina de Inmigraciones y relatos de sus viajes, a la espera de un nombramiento en la diplomacia o en el rectorado de un Colegio Nacional; entre otros éste, publicado en 1894 por primera vez por la casa de Pablo Coni, y que tiene el valor documental, ciertamente fuera de toda especulación o análisis académico, de un hombre que convivió con estos indígenas que aparecen citados en cuanto texto haya surgido de los exploradores y viajeros patagónicos del siglo XIX.

El vínculo del tehuelche con el hombre blanco, o más bien su falta de belicosidad contra éste, hace que ciertos grupos indigenistas minimicen su valor, o cuanto menos se los asocie embozadamente con cierta afinidad con los "ocupantes" de las tierras de las comunidades originarias. Pero en realidad se trata de una valoración ligera, injusta y de fuerte contenido ideológico, dadas las características y la forma de vida dispersa de este pequeño pueblo hospitalario por naturaleza y exento de cualquier proyecto de vida que no se asociara a una supervivencia relativa, en el marco de la inmensidad de la estepa patagónica.

Finalmente el explorador, en su última etapa, harto de tintas, incómodas levitas y pocos réditos para un hombre acostumbrado a encontrarse con el esplendor de la Naturaleza, aún cuando esta ruge, decidió volver al ruedo intentando lo que todos sus colegas consideraban riesgoso hasta lo inaceptable.

Había que morir heroicamente. Esa era su ley. "Hay que osar, porque sin osar nunca seríamos nada", escribió parafraseando a Creveaux en su último artículo publicado el 30 de octubre de 1897 en el Boletín del Instituto Geográfico Argentino, titulado "El río Pilcomayo o río de los pillcus".

El 23 de noviembre de ese año, un balazo en la cabeza terminaba con su vida, sin que se aclarara del todo el asesinato. Tres meses después, se depositaban sus restos en una urna en el cementerio de la Recoleta. Lo despidió buena parte de la comunidad científica y hubo que pagar los servicios con un subsidio del gobierno nacional para que el explorador descansara en paz "Allá donde van los vapores", como llamaban los tehuelches al Espacio Infinito, muy lejos del injusto olvido reservado como es costumbre para algunos de nuestros hombres importantes.

Los Indios Tehuelches, una raza que desaparece

Años más tarde, el citado Juan Víctor París, por entonces a cargo de la Comandancia de Puán, le solicitó al presidente Yrigoyen –presente en las exequias del explorador tal como surge de la crónica del diario La Nación del 24 de febrero de 1894–, el reconocimiento y las consideraciones que éste, su compañero de varias exploraciones y paradójicamente detenido por éste en Santa Cruz- entendía como oportunas. Su obra ha sido reivindicada de manera parcial, aunque forma parte determinante en el episodio patagónico de nuestro país y sus trabajos científicos cuentan con el reconocimiento de los estudiosos de la geografía en el plano internacional.

El amigo tehuelche

Me permito transcribir una nota que publiqué bajo el título "Requiem para un rey patagónico", basada en una magnífica narración de Nicolas Larrain, publicada en el año 1883 y en otras fuentes documentales -algunas de ellas familiares y libros del propio Lista-, con el propósito de trazar una semblanza de uno de los grandes jefes tehuelches y su gente, en un episodio tan insólito como verdadero, en el que la participación del explorador se pone de relieve ante un error propio de la negligencia y el desconocimiento que el Gobierno argentino de aquella época tenía acerca de la Patagonia:

"Alto, imponente y erguido con la dignidad de un rey, el viejo cacique escrutó con cierto enojo a los cientos de vocingleros personajes que lo señalaban desde una dársena en la Boca del Riachuelo, atraídos por la presencia de los exóticos visitantes. El transporte Villarino llegaba a puerto luego de haber recorrido 786 millas náuticas en tiempo récord, con toda una mansa tribu tehuelche a bordo, arrebatada de su tierra en una inexplicable maniobra militar ordenada al coronel Lorenzo Vintter por Roca, vaya uno a saber por sugerencia de quién.

Esperando subir al vapor, el explorador Ramón Lista, recreaba su primer encuentro con aquel Señor de las estepas patagónicas, acompañante fiel del hombre blanco en la inmensidad y dueño de una lealtad inquebrantable a los gobiernos argentinos. Lista lo había conocido en 1878 en Santa Cruz, cerca del río Chico, durante una boleada de avestruces en la que supo admirar toda la destreza de la extinguida "raza de gigantes" en una faena tan peculiar. Nuevamente lo encontró junto al Shehuen, empapado en alcohol y gritando "yo soy lo mesmo gobierno de todas las tierra", en medio de uno de esos *saraos* mitológicos que sabían tener los tehuelches, sin final previsible en ningún sentido, o cuando compartió sangre de yegua recién sacrificada en la madrugada siguiente de aquella fiesta, sellando un pacto de amistad con él y su gente, que compartió hasta su último día.

Al subir al barco, ansiosos, ambos entablaron una conversación en castellano en la que Orkeke le transmitió sus molestias al explorador, pero también la pena de su pueblo y fundamentalmente su confusión.

Parcialmente al tanto de lo que ocurría, Lista prometió al jefe indio que haría todo lo que estuviera a su alcance para aclarar lo acontecido y lo posible para que volviera rápidamente a su tierra con todos sus compañeros.

Unos días antes, el 22 de julio de 1883, la tribu había sido apresada por sorpresa, mientras acampaba en un paraje cerca de Deseado siendo llevada a punta de bayoneta hasta embarcar en el Villarino al mando de capitán Spurr, luego de haber sido despojada de sus pocas vacas, caballos, terneros, algo de plata, banderas argentinas y muchas plumas de avestruz, por los soldados al mando del coronel Oris de Roa. Orkeke narraba con detalles su malestar, acompañado muy de cerca por su mujer Ade, tan esbelta como su señor, los capitanejos Concheque, Shacheque y Yauque y sus mujeres María, Isabel y Quemquel, la primera de singular belleza, según una narración de Nicolás Larraín (*Viajes en la Villarino a la costa Sud*, Buenos Aires, 1883). En total habían sido 54 los "deportados", quienes permanecían bajo los efectos del largo viaje marítimo, donde habían padecido mareos y vómitos que les habrán hecho pensar que se trataba del camino al infierno.

Al desembarcar en La Boca se acentuó el enojo del patagón ante la mirada absorta o de suficiencia de los parroquianos. Sentía que se lo observaba como si se tratara de un animal salvaje. Tan luego a él, al heredero político de Casimiro Biguá, el gran amigo de los argentinos a quien Mitre presidente había premiado con un sello de plata que decía: "Casimiro Biguá, gobernador de San Gregorio" y que desde la muerte de aquél conservaba como lo más preciado; a él, que había renunciado a las prebendas propuestas por la milicia chilena para colaborar con la Gobernación de Punta Arenas, retirándose de un despacho a los gritos jurando lealtad a la Argentina para no volver más a aquella ciudad; al acompañante del inglés Musters en su viaje de 1869, del que cosechó los más honrosos elogios, luego publicados por el marino en su *At home with the Patagonians*; al amigo fiel de Moyano, de Moreno, de Piedrabuena, de Lista y al anfitrión de todos los viajeros a quienes siempre se les había presentado como una luz en el desierto.

Como preanunciando fatalidades, Piedra Buena, ya bastante mal de salud, se agravó muriendo en la mañana del 10 de agosto de ese año consternando aún más al viejo cacique, que por entonces tendría algo más de setenta años ocultos en una formidable figura que superaba ampliamente el metro ochenta, de mirada sagaz, actitud atenta y una agilidad propia del más joven de los hijos de la estepa.

Honores

La presencia tehuelche atrajo la atención de aquella Buenos Aires rica, pretenciosa y abierta a quien la quisiera poblar. Los diarios cubrieron la presencia de la tribu resaltando la existencia de la lejana Patagonia, mientras se preparaban los agasajos que la "civilización" obsequiaría a la barbarie. La Sociedad Científica Argentina preparó una función teatral a beneficio de los indios, al tiempo que Roca recibía en su despacho al cacique una vez comprendido el dislate, comprometiéndose a devolver la tribu a la Patagonia. El entonces presidente le regaló al jefe tehuelche 500 pesos y una caja de habanos.

Esa misma noche, en el teatro La Alegría, se representó la zarzuela *Mefistófeles*, inspirada en el *Fausto*. La sala estaba repleta y el cacique con su esposa Ade, los capitanejos y varios indios más, se hicieron presentes en uno de los palcos con sus figuras imponentes, ponchos majestuosos o quillangos y las vinchas rojas que sostenían sus pelos negros y brillantes, algunos ya blanqueados como para no olvidar la nieves australes.

En una escena en la que *Mefistófeles* se transforma en un mozalbete vestido de levita, los indios se pusieron de pie y en guardia, previendo algo malo, aunque se serenaron rápidamente ante las explicaciones de uno de los anfitriones. Finalmente bajaron al proscenio donde recibieron regalos y sorprendieron con sus cantos a un público que no terminaba de conciliar su admiración con su embozado reparo hacia los "salvajes", pero que aplaudió a rabiar frente a lo novedoso del "espectáculo".

Lista en compañía de Juan Mariano Larsen, se encargó de hacer saber que tanto extranjeros como argentinos encontraron franca protección y hospitalidad en los tehuelches, a quienes se les debían miles de favores y eterna gratitud.

Al día siguiente los indios pasearon por Buenos Aires en un tranvía expresamente fletado, fueron invitados a una función de patinaje y a un banquete en el Café París, donde Orkeke, flanqueado siempre por Lista, pondría a prueba su excelente apetito.

Hubo apologías hacia la raza mientras el cacique fumaba abstraído pensando en su inexplicable situación y seguramente con la vacuedad de las palabras, que no se condecían con la realidad de su gente cada vez más agredida por los aventureros inescrupulosos y la política oficial poco clara respecto de su futuro.

El cautiverio se prolongaba a pesar de la decisión de devolver al gigante a sus tierras junto a sus súbditos cuando una enfermedad pulmonar afectó seriamente a Orkeke, a quien hubo que internarlo en el Hospital Militar, ordenándose trato de oficial, aunque quedando alojado en la sala primera, destinada a soldados. Allí ocupó la cama 39, hacinado y molesto por reposar en una cama con colchones y elásticos que no le permitían conciliar el sueño, amén de no probar medicamentos salvo excepcionalmente y escaparse cuando podía a fumar durante las noches frías del fin del invierno húmedo porteño. Una semana antes de su muerte, la pitonisa de la tribu, Valeska, había partido "allá donde van los vapores", probablemente víctima de la nostalgia. Con ella partían los secretos de la curación para su jefe y en la mañana del

13 de septiembre de 1883, el rey patagón decidió acompañar a sus antepasados para siempre. Poco antes de morir y presagiando el momento balbuceó: "Si me muero, ¿qué pensará el Gobierno, qué pensará Moyano?"

El Gobierno dispuso entierro con honores y en un cajón de caoba con abrazaderas negras, sin sus armas, ni sus enseres, ni sentado como era costumbre, quedó encerrado el cuerpo del gigante.

Más tarde se ordenó la disección para conservar el esqueleto del cacique, como exponente de una fuerte raza en vías de extinción (su esqueleto se expuso en el Museo de la Plata, hasta perderse definitivamente)

El propio Larraín recogió un testimonio periodístico de la época reproducido posteriormente por la Revista Argentina Austral: *"Raro destino el del cacique Orkeke, rudamente arrebatado de sus queridos lares en el ocaso de su vida, en premio de sus muchas acciones, para traerlo a este gran centro de civilización donde había de dejar sus huesos para aumentar con ellos el tesoro antropológico. Orkeke tendrá honores de fósil, irá armado a un museo, hasta tanto su gigantesca figura se eternice en el bronce o en el mármol, en uno de los futuros pueblos que nazca en las costas del Sud"*

Como quedará en claro para el lector. "Los indios tehuelches, una raza que desaparece", se convertiría años más tarde de este episodio en un documento que preanunciaba un destino trágico, como el de quien lo escribió. Pero poco importa, ya que así como Robert B.Cunninghame Graham deseaba para luego de morir un cielo donde hubiera caballos, es probable que el explorador deseara volver a encontrarse con sus amigos del desierto, para recrear desde "los vapores" la plenitud de la inmensidad, la calidez del refugio y la libertad de los sentidos.

Jorge Carman

Ramón Lista

LOS INDIOS TEHUELCHES,

una raza que desaparece

DOS PALABRAS

Las páginas que siguen han sido escritas bajo la choza del salvaje patagón, siempre hospitalario y cariñoso con el viajero.

Para darme cuenta cabal de la vida de tribu; para sondear el pensamiento y el corazón de los hijos del desierto, he tenido que vencer muchos obstáculos, sufriendo estoicamente la maledicencia y la perfidia, que traen aparejadas las dos grandes virtudes de estos tiempos decadentes: la envidia y la alevosía.

Es este, pues, un libro de verdad, escrito con todo el interés que inspira una raza próxima a desaparecer de la escena del mundo.

Dedícola a mi buen amigo el Dr. Bartolomé Galiano.

Nada más.

R. L.

Enero de 1894.

INTRODUCCIÓN

La hora postrimera de un pueblo, ya sea civilizado o salvaje, reviste siempre un carácter de suprema solemnidad.

Tiene la amargura de todas las catástrofes de la historia, es la tragedia siempre nueva de las razas.

Un día un viajero se detiene al borde del más grande de los ríos de América. A su margen se halla una choza y en ésta un anciano que acaricia un loro. "Cuando yo y este pájaro hayamos muerto ya nadie volverá a hablar nuestra lengua", balbucea tristemente el salvaje.

El cuadro no puede ser más melancólico, ni más amarga la frase.

Se dice y se repite que la extinción de las razas superiores obedece a una ley fatal; pero ha debido agregarse un comentario: extinción es refundición, incorporación, pero no aniquilamiento implacable y artero por un instinto de malignidad civilizada, y tácitamente consentida por los que mandan.

Se ha acusado de crueldad a los conquistadores españoles: se ha dicho que fueron tan bárbaros como los mismos Caribes a quienes dominaron; pero no se ha mostrado el reverso de aquellas atrocidades, si las fueron; si las sabias y humanitarias medidas dictadas por La Gasca a favor de los indios del Perú, confirmadas por el virrey Mendoza, reflejadas en las crónicas de la época.

Se recuerdan las crueldades de la soldadesca batallando a tres mil leguas de Europa; pero se olvidan las ordenanzas humanitarias inspiradoras por los reyes de España, y los clamores de fraternidad humana que han ilustrado los nombres de Las Casas, de Ondegardo, del obispo Valverde.

La historia de la expansión territorial de Chile y la Argentina tiene también sus páginas sombrías. La conquista moderna de la Pampa lleva en sí un sello de crueldad que hace poco honor a la tan decantada civilización de nuestra época.

Algún día se ha de escribir la relación fehaciente, documentada, de las atrocidades cometidas con las tribus Mapuches, y cuando a ellas se agreguen las sangrientas escenas de que ha sido teatro la Araucania y el Gran Chaco, el filósofo no podrá menos de reconocer en el hombre toda la ferocidad del tigre, disimulada por fementidos propósitos de redención, cuando en realidad sólo le guía su instinto destructivo: "Raspad el ruso y encontraréis el tártaro".

Nuestro siglo es siglo de egoísmo: el móvil único del hombre es 1a riqueza: su corazón está vacío de creencias y de esperanzas; lo que no es aritmético le es indiferente.

Sólo así se explica el silencio en torno de las agrupaciones indígenas que van desapareciendo, no por la ley del evolucionismo natural, sino por la pólvora y el licor, por la crueldad sin freno de los unos y la rapiña imperante de los otros.

Hoy mismo, a esta misma hora, estamos presenciando el hundimiento de una raza americana, antigua, que aunque más no fuese por interés científico, ya que no por sentimiento humanitario, habríamos debido proteger y dejar que poco a poco se fundiese en las masas civilizadas.

Nos referimos a los indios tehuelches o patagones, que viven nómades en los campos de Chile y de la Argentina, desde el Chubut al Estrecho de Magallanes.
Numerosas, a fines del pasado siglo, hoy forman un reducido núcleo de seres desgraciados, sin voluntad propia, a merced de forajidos que se dicen hombres civilizados, porque articulan nuestra propia lengua y usan chaqueta, aunque en realidad son más salvajes que los indios, siendo sus corruptores y expoliadores, sin que haya freno alguno que reprima sus atentados y rapiñas, sin que haya una ley que castigue sus crímenes de todo momento: qué crimen es ultrajar el pudor de las mujeres, aunque éstas sean salvajes, quitar al hombre su medio de locomoción, su ganapán, su caballo; pervertir el sentido moral de los niños, enseñarles de la civilización todo lo malo y nada de lo bueno; sembrar en su espíritu la desconfianza y el temor; embriagarles, arrebatarles sus mantas de pieles, llevándolos de aquí para allá como un rebaño.

Es verdaderamente inconcebible lo que sucede; diríase que pesa sobre ellos una maldición divina: son los propietarios originarios de la tierra en que habitan y esa tierra no les pertenece, ni siquiera poseen una parcela, donde puedan descansar al término de la jornada: han nacido libres y son esclavos; eran ayer robustos y de cuerpo agigantado: hoy la tisis les mata, y su estatura se amengua. Todo les es contrario, el vacío les rodea, van a desaparecer. ¿Y qué hacen los gobiernos? Nada. Los ven morir con la misma impasibilidad con que el César veía morir a los gladiadores en el circo... –"Los que van a morir te saludan"– podrían decir los tehuelches al gobernante argentino, y también al chileno.

El comerciante-forajido de Punta Arenas, el comerciante-rapaz de Gallegos, —he ahí los dos elementos de extinción; los deja el uno, los toma el otro: salen de las llamas y caen en las brasas: el hombre indígena es una cosa que les pertenece.

Preguntad a esos Mercurios abyectos, qué es el indio. Y os responderán que es una bestia. Decidles que son el azote de una raza, y os replicarán que los indios deben morir; pedidles conmiseración para el pobre salvaje, y de sus labios sólo brotará una blasfemia; no tienen Dios, no obedecen a ninguna ley.

Perseguidlos en Gallegos, pasarán la frontera, se refugiarán en Chile: perseguidlos allá, volverán a la Argentina.

Los Indios Tehuelches, una raza que desaparece

Tal es el drama que se desenvuelve en el extremo austral del continente: tal es la orgía del bandolerismo en presencia de dos gobiernos civilizados que, ya sea por indiferencia, ya por otra causa, se cruzan de brazos y dejan que así perezca una raza interesante por más de un concepto, digna de ayuda, digna de piedad.

Bastaría una voz enérgica en el parlamento argentino y otra en el chileno, para conservar aún por muchos años las reliquias de la raza tehuelche. Díctese en ambos países una ley de reserva agraria, modelada sobre el texto de la más reciente de Norte-América a favor de los Sioux, prohíbase bajo penas severas el expendio de alcoholes en los campamentos indígenas: créense escuelas infantiles en los mismos bajo la dirección de virtuosos misioneros, y ambos gobiernos no tendrán sino motivos de regocijo, si es que lo hay en una noble acción, en dar la mano al que ya está al borde del abismo insondable.

Ojalá que mi voz inspirada por un sentimiento humanitario halle en Chile como en la Argentina un eco simpático y un corazón que sepa interpretarla.

LOS INDIOS TEHUELCHES

I

La antigüedad del hombre de América se pierde en las tinieblas de los tiempos prehistóricos.

¡Tiahuanaco! ¡Palenque!—ruinas admirables de embrionarias civilizaciones desaparecidas.

Templos aztecas, monumentos incásicos: ¡he ahí los rotos eslabones de una raza más moderna, pero no menos interesante!

Cuando los pueblos no pueden deletrear la cifra del pasado, rodean su cuna con las ficciones de la fábula. Quetzalcoatl, Manco-Capac: he ahí el gran dualismo de la leyenda mítica americana.

Los Tehuelches tienen también su mito heroico: *El-lal*. Esta voz me recuerda a *Éa*, espíritu prominente, fundamento de todo lo creado, y también a *Ilu*, a *El*, a *Elhoim*, a *Allah*, a todas las transcripciones semíticas de la palabra Dios. *El-lal* es el ser fuerte, sabio, benéfico, autor del Cosmos. Hizo a los Tehuelches o *Tzónekas*. Purgó la tierra de los animales feroces que la infestaban; enseñó al hombre el secreto del fuego; le dio armas, le dio abrigo; inculcó en su corazón la primera idea de moral. Por su acción se asemeja a Hércules; pero sus trabajos son menos varios, su alma menos ruda, menos humana.

La tierra estaba desierta. Llega *El-lal*, lucha con las fieras, somete el puma a su imperio, conquista al zorro, humilla al cóndor. No ha nacido *Nosjthej*, especie de Saturno, le arranca vivo del vientre de la madre victimada: quiere devorarlo: un roedor acude en su auxilio y le oculta en lo más recóndito de su cueva.

Va luego de aquí para allá; vence al gigante *Goshg-e*; pide en matrimonio a la hija del Sol, y es engañado.

Entonces termina su misión, se metamorfosea en avecilla, y, llevado en las alas de un cisne, se aleja para siempre de la ingrata tierra de sus proezas; cruza el dilatado mar, se posa allá y acullá en islas verdeantes que surgen de las flechas divinas que arroja, y va a hundirse después en lo desconocido.

Esta versión mitológica es rigurosamente exacta: la he oído de los labios balbuceantes de los viejos tehuelches: de Papón, de Jatachuena.

Cuando ellos eran niños; —allá a principios de este siglo—, cuando en los toldos numerosos reinaba la franca alegría antigua, y cuando cada noche al son del tamboril, y al resplandor de las hogueras danzaban empenachados los ágiles mocetones, en medio al círculo vocinglero de las chinas airosas y ataviadas; en aquella edad de oro para el pueblo Tzóneca, edad que desapareció para nunca más volver, Jatachuena y Papón oyeron referir la interesante leyenda, y mal que bien se grabó en la memoria de ambos.

Cuenta la tradición que *El-lal* vino del Oriente, pero luego no más se pasa por alto este detalle, y agregan los ancianos, que la montaña oyó el primer vagido del Dios.

Nosjthej, el padre de *El-lal*, mata a su mujer, ábrele el vientre con tajante pedernal y arranca el feto que ansía devorar; pero en tan supremo momento siente un ruido extraño bajo el suelo que se estremece, y quédase en suspenso, y olvida al niño.

Aparece entonces un roedor –*Térguerr*- que coge a *El-lal* y va a esconderle en el sitio más recóndito de su morada.

En vano *Nosjthej*, repuesto de su sorpresa, intenta realizar su abominable propósito: sus manos chorrean sangre; la cueva es profunda y estrecha. Arde en su mirada la cólera salvaje, grita con voz de trueno que repercute en los Andes: pero todo es inútil: el Dios seguirá creciendo al amparo protector de la tierra.

Nosjthej vuelve los ojos extraviados sobre el cadáver sangriento de su víctima.

¡Oh portento! Una fuente cristalina fluye del vientre herido... Y pasan los años y los siglos se suceden a los siglos, y ahí está, frente a *Teckel*, camino de Ay-aike al Senguerr, el manantial maravilloso, *Jentre*, en cuyas aguas se han bañado muchas generaciones de niños *Tzóneka*s.

Los primeros años de *El-lal* pasaron ignorados en la soledad del desierto.

El roedor fue su sostén, le enseñó a comer yerbas, le abrigó en su nido de lana de guanaco; le hizo conocer los senderos de la montaña. *El-lal* siguió creciendo, inventó el arco y la flecha, y muy pronto dio principio a sus correrías vagabundas. Al volver cada noche a la cueva traía algún pajarillo cazado con sus armas divinas.

Ten cuidado –le decía el roedor– las fieras son hijas de la obscuridad.

El-lal se sonreía.

Una mañana iba éste siguiendo el borde sinuoso de un torrente: de improviso le acomete una puma enorme. Arma su arco, silba la flecha certera y va a herir en el ijar al cruel felino, que lanza un rugido pavoroso. Otro rugido le responde. *El-lal* se halla entre dos fieras: la una herida pero en pie; la otra aún más temible, oculta en la maleza.

El cazador está sonriente; ni siquiera ha vuelto a armar el arco. Luego sigue su rumbo, trepa a una colina, desciende a un valle, se acerca al borde de un río caudaloso, coge algunas piedras de su lecho, se aparta un tanto de la orilla, reúne aquí y allá pequeños trozos de leña, desmenuza unos, rompe otros... y el fuego brilla por primera vez en la soledad de los campos.

☙☙ ☙☙ ☙☙

Otro día más que pasa. *El-lal* ve un cóndor parado en la cúspide de un cerro. —Dame una pluma de tus alas para poner en mi flecha. —¡Imposible! —le grita el pájaro— las necesito: son mi abrigo; con ellas hiendo el aire.

Insiste aquél, ruega, amenaza. —¡"Imposible!...¡Imposible!"—Y el cóndor despliega sus alas, remonta el vuelo, y ya casi desaparece en el espacio cuando *El-lal* arma su arco con cuidado, suelta la cuerda, vibra el aire... el ave desciende en revueltos giros: —"¿Qué pluma queréis? ¿qué pluma queréis?"— y llega a tierra con la garra entreabierta. *El-lal* le coge del cuello, le arranca las plumas de la cabeza, y le dice:

—Vuélvete a la cúspide del cerro.

El Dios-héroe tiene ya la fuerza y la musculatura de la juventud; ningún animal le resiste: el puma se le humilla, el zorro le acompaña en sus correrías; el cóndor ya no le niega sus plumas. Todo está sujeto a su imperio; pero un día reaparece *Nosjthej*.

—Yo soy tu padre, le dice. *El-lal* lo conduce a su antro. Le enseña sus armas, sus arcos, sus flechas, sus tallados perdenales, y sus hondas. Le enseña sus trofeos: las pieles de las pumas, los caparazones de los armadillos gigantescos, las alas enormes de los cóndores. Después coge un hueso, extrae la médula y se la ofrece con aire complacido...

Transcurre algún tiempo: *Nosjthej* es el amo; el Héroe obedece, pero un día se subleva contra sus mandatos, y huye a esconderse en la montaña. Su padre le persigue... ya le alcanza.

El-lal se detiene un instante, hiere la tierra con el pie, lanza un grito estridente, y el bosque, la selva enmarañada se alza como una barrera insalvable delante del colérico padre.

La tierra ya se ha poblado de hombres, y un gigante, *Goshg-e*, siembra en ella el terror y la desesperación. Cada noche desaparece algún niño; el monstruo devora también al cazador extraviado.

El-lal sale en su busca y, le encuentra al linde de la selva... pero el gigante es invulnerable... las flechas del Héroe se astillan o rebotan... diríase que es invencible.

Las víctimas se suceden a las víctimas, el espanto no tiene límites.

El-lal toma entonces la apariencia de un tábano: busca otra vez a *Goshg-e*, se introduce arteramente en sus fauces, penetra en el estómago abominado, híncale el aguijón... El gigante se retuerce y lanza gritos nunca oídos, gritos que el viento arrastra sobre los campos como la última amenaza del monstruo...

Hay un lapso de tiempo en que todo es vago y misterioso, en que todo se confunde y contradice. Época de transiciones violentas, en que se altera el orden de los acontecimientos. *El-lal* pierde casi por completo su carácter divino, toma un nuevo nombre; su cabellera va sujeta a la frente con la vincha indiana; el hacha de piedra y el dardo aparecen en sus manos: su albergue es de ramas entrelazadas. Otros seres como él le acompañan por todas partes; da caza a los guanacos; vigila en la noche. Tan pronto se le ve a la vera del bosque como al borde de la mar. Es ictiófago, es carnicero.

Nosjthej se llama entonces *Tkaur*.

El roedor dormita en su cueva.

Aparece *Sintalk'n*, guerrero poderoso y sagaz: lucha con *El-lal*. La sangre de los hombres empapa la tierra, y las bestias feroces vuelven a sus correrías destructoras.

Renace *Goshg-e* más espantoso: su frente sobrepasa a los cerros más altos.

Hasta la misma naturaleza parece conturbada: el sol se obscurece, la tierra palpita en su corteza, el viento brama incesante.

El-lal ya no es un dios; su boca blasfema; en su corazón arden todas las pasiones de los hombres.

¡Sintalk'n! ¡Sintalk'n! —Este nombre resuena al borde del océano y al pie de la montaña...

Pero el guerrero es vencido, y aprisionado... devorado. *El-lal* vuelve a ser omnipotente: solicita en matrimonio a la hija del sol y de la luna; pero éstos, no atreviéndose a rechazar abiertamente la alianza, se valen de un subterfugio para no acceder a la demanda: una sierva joven toma el vestido y el nombre de aquélla; los emisarios de *El-lal* la reciben y conducen al lado del Héroe, quien luego no más descubre el engaño: su voz truena entonces contra el sol, y su arco le amenaza con las flechas más agudas...

Pero no termina aquí el mito Tehuelche.

Disgustado *El-lal* va a alejarse para siempre del teatro en que se desenvuelve su obra de Dios y de Héroe. Su misión ha terminado: ha hecho el hombre aborígen: ha purgado la tierra de los monstruos que la asolaban: ha echado la semilla primera de moral en el corazón de la criatura humana: hale enseñado el secreto de la combustión y los rudimentos de la industria naciente. Le ha dado armas, le ha dado abrigo de pieles, le ha dado albergue. Ha removido para él todos los obstáculos de la ingrata naturaleza y díchole: "Anda; el horizonte es tuyo".

Metamorfoseándose en avecilla; reúne a los cisnes sus hermanos; pósase sobre el ala del más arrogante, y en bandada rumorosa va a través de los mares, hacia el este, descansando en islas misteriosas que surgen de las ondas heridas por sus flechas invisibles.

—Allá, por donde andan los vapores, allá desapareció *El-lal* y los cisnes, sus hermanos —me decía el anciano Papón.

II

Todos o la mayor parte de nuestra América han conservado ciertas tradiciones religiosas, que, a pesar del tiempo y del natural evolucionismo de las ideas, se asemejan aún lo bastante para que supongamos que ellas derivan de una religión típica, perdida en época muy remota.

Esto hará suponer quizá que reconozcamos el origen común de las diversas naciones indígenas sudamericanas; mas no es así. Lejos, muy lejos estamos de admitir esa identidad, —que no repugna a muchos etnógrafos— y convencidos de su poco fundamento, la combatimos hoy como probablemente la combatiremos mañana, pues que a medida que ahondamos en la investigación del supuesto parentesco entre los indígenas diseminados en el continente, desde el Golfo de México hasta las heladas islas del Cabo de Hornos, más y más nos convencemos de su poca consistencia, que desaparece totalmente cuando, por ejemplo, se pretende colocar en el mismo árbol genealógico agrupaciones humanas que se repelen como los Tehuelches y los Yaganes canoeros de la Tierra del Fuego, o los Tobas selváticos del Chaco y los Araucanos de ambas vertientes andinas.

Cierto es que existen entre unos y otros, respectivamente, analogías físicas que sorprenden a primera vista, como es evidente que se asemejan bastante en sus usos y costumbres; pero ¡qué enorme distancia se advierte entre ellos cuando se les considera del doble punta de vista moral e intelectual!

En nuestra opinión, los indígenas sudamericanos reconocen diverso origen y procedencia: unos representan el elemento autóctono, otros la invasión, la inmigración.

¿A qué grupo pertenece el Tehuelche?

¿A cuál los Yaganes?

En el primero creo descubrir la raza derivada del cruzamiento de las agrupaciones autóctonas, troglodíticas, con las hordas invasoras, primeras, salidas de la meseta de Bolivia.

En los segundos se me figura ver un eslabón desprendido de la gran cadena polinésica.

Pero se me objetará tal vez que no siendo los indígenas sudamericanos de un origen común, mal han podido identificarse en sus ideas religiosas.

La respuesta se me ocurre fácil: los pueblos son por demás impresionables y supersticiosos y sus ideas religiosas giran siempre dentro de un círculo estrecho y sugestivo.

Y ved también que el hombre, cuando no puede explicarse los fenómenos de la naturaleza, los individualiza y reviste con los atributos de la fábula, que toma de aquí o de allá.

Ahora, imaginaos una época del mundo en la que en la América Meridional hierve un enjambre de tribus sin cohesión, unas autóctonas, otras procedentes de Asia, de Polinesia, de..Europa (?).

Todas ellas carecen de religión, o simplemente reconocen dos o tres principios fundamentales individualizados, genios tutelares o malignos que guían o estorban al hombre en sus pasos inseguros sobre la tierra.

Pero he aquí que luego surgen otras hordas menos bárbaras, y desde el Golfo de México avanzan rápidamente hacia el Sud, combaten con sus armas de piedras o de bronce, triunfan o son derrotadas, pero dominan al fin a los pueblos aborígenes e imprímenles el sello moral que les es propio.

He aquí el momento en que se armoniza el pensamiento religioso.

Transcurren los años; la raza invasora pierde su carácter de tal, fúndese en la masa de los pueblos subyugados.

Este es el momento prehistórico en que evolucionan las ideas, desenvolviéndose la percepción religiosa en unos o cristalizándose en otros bajo la forma de las más absurdas supersticiones.

El mito de *El-lal* que para mí representa la prehistoria de las razas sud-americanas, narra la lucha guerrera entre los pueblos autóctonos y los invasores, y dejando entrever el pensamiento religioso que evoluciona en el tiempo.

ひゃひゃひゃ

La religión *Tzóneka* o Tehuelche es muy elemental y carece de representaciones exteriores.

El dominio de la tierra, del mar y del cielo, dispútanselo dos deidades: el Espíritu del bien y el del mal. El primero es el dispensador de todos los bienes mundanales; es el genio benéfico que vela por los indígenas, pero cuyo influjo suele ser ineficaz para evitar las acechanzas del Espíritu del mal, que, según sea la manifestación de su malignidad, se denomina *Kerónkeken, Huendáunke, Maipe* o *Arhjchen*. Bajo este último nombre se representa la esterilidad de la tierra.

Maipe es la obscuridad de la noche, el viento desolado en la planicie. En *Kerónkeken* vese el monstruo impalpable que hiere en la cuna a los recién nacidos y bebe las lágrimas de las madres, burlándose de todos los dolores con mueca siniestra: a veces encarna la forma de un potro salvaje y artero, siempre veloz como el relámpago.

Desde que nace el hombre hasta que muere, el Espíritu del bien le ayuda y combate por su existencia contra el Espíritu adverso, único causante de la enfermedad y de la muerte, las que el indígena trata de evitar propiciándose a la cruel deidad, al diablo, por medio de dos ceremonias.

La primera, desconocida para los autores que me han precedido en el estudio y descripción de los Patagones, reviste formas crueles y repugnantes.

Cuando el *médico* de la tribu ha fracasado en su sistema curativo –agua fría, sangrías y masaje– se apela al sacrificio o sea la inmolación de un animal yeguarizo: todos los parientes del enfermo, del moribundo, todos los amigos van a reunirse a alguna distancia de los toldos; a caballo, munidos de asadores y haces de leña. En el ínterin, los muchachos diseminados en extensa línea tienen a raya los perros o van en busca de una yeguada cualquiera, que conducen al sitio del sacrificio. Los enlazadores cogen la víctima elegida, derribándola maniatada en medio al círculo tumultuoso de los sacrificadores. Acto continuo salen a relucir los filosos cuchillos; y el más hábil hiere rápido a la bestia en el pecho; extrae el corazón sangriento, y con él en la mano, gira alrededor del animal que se retuerce en los últimos alientos. Es ese el momento de mayor gritería, de mayor confusión. Enseguida no más, la carne aún palpitante es retaceada con espantosa destreza. Se encienden los fogones, se clavan los asadores con los trozos más suculentos y las piltrafas más inmundas, y el sacrificio o más bien el festín desenfrenado toca a su término. Hombres, mujeres y niños quedan ahítos de carne. La cabeza de la víctima, con los ojos entreabiertos, la cola, las pezuñas, son amarrados entonces a un palo pintado con ocre blanco, y un grupo de hombres a caballo va a dejar esos despojos sobre alguna altura inmediata.

Con esto termina la ceremonia y los indígenas se vuelven silenciosos a sus toldos.

Entonces comienza la expectativa, siempre ansiosa; y si el enfermo no muere, es que el sacrificio ha sido agradable al Espíritu maligno.

Otras veces, la indiada se reúne como un enjambre alborotado; va donde el enfermo, rodean su toldo, golpéanlo con leños, gritan descompasadamente, cantan las mujeres o articulan palabras incoherentes y misteriosas...

Otras veces se forma un círculo de jinetes, en cuyo centro queda el toldo, y la gritería más inaudita llega a los oídos del enfermo, como una esperanza de salvación. Esta ceremonia se llama "espantar el diablo".

☙❧ ☙❧ ☙❧

¿Creen los Tehuelches en la inmortalidad del alma?

Tal vez no, en el sentido estricto del dogma cristiano; pero es indudable que creen en la resurrección de los muertos, lo que se desprende fácilmente de su costumbre de enterrar los cuerpos en la actitud que tuvieron en el seno maternal, rodeándolos de aquellos objetos que pudieran necesitar al renacer en otra parte.

En época remota mataban el caballo preferido del extinto, mataban sus perros; y al lado del cadáver se depositaban las armas, los utensilios y hasta el alimento de que debía echar mano al despertar de aquel más allá del océano misterioso (*Jono*) en que vuelve a vivirse la vida penosa de la tierra, hasta el día en que el tehuelche se cuasi diviniza.

Dicen los ancianos que la bóveda celeste está poblada por sus antepasados purificados, y que en ella no conocen el dolor, ni aún la fatiga.

Hay una constelación, no recuerdo cuál, que ellos dicen ser un cazador; más allá aparecen "Las Boleadoras", "La huella del Avestruz", que es la Cruz del Sud, "El Guanaco que huye", y la pupila del "Carancho" que acecha: Marte.

※ ※ ※

Íntimamente ligada con estos principios religiosos, se manifiesta la superstición. El tehuelche cree en la hechicería (*shoik'n*) y la teme sobre todas las cosas.

Los que tienen el poder de hechizar, los "brujos", son aborrecidos y a veces victimados, porque piensan los indígenas que las desgracias que ocurren en sus hogares suelen ser la obra del maleficio de aquéllos. Los brujos son individuos taciturnos y huraños, y la facultad que les es propia puede transmitirse de padres a hijos, pero conjuntamente con ciertas piedras horadadas, pequeñas, alisadas y de forma irregular, sin las cuales sería imposible la acción maléfica, pues que su pérdida implica la cesación de aquel poder diabólico.

Propiamente el brujo es el agente del Espíritu del mal, y el tehuelche está siempre prevenido contra él: si se recorta el cabello arroja al fuego las mechas, si se monda las uñas, hace lo propio, pues piensa que lo más superfluo de su cuerpo y hasta de su vestido, puede servir de vehículo para la hechicería.

Todo instrumento cuyo mecanismo ignora tiene *shoik'n*, y naturalmente le inspira repulsión.

Los fenómenos astronómicos, los eclipses, por ejemplo, tienen para ellos una significación siniestra:

la muerte, el hambre, los crueles inviernos vienen después.

El chirrido estridente del mochuelo, la aparición fortuita de un reptil, el aullido del perro, son signos de desgracia siempre inmediata.

Creen en las fantasías de los sueños, y dicen que "cuando el corazón está dormido, se ve como la vislumbre de las cosas que han de suceder".

III

Las modernas tradiciones tehuelches llevan ya en sí el recuerdo de la aparición del hombre blanco.

La llegada de la escuadra de Magallanes a la bahía de San Julián debió impresionar vivamente a los indígenas, que por cierto no atinarían a explicarse la procedencia de las naos castellanas columpiándose en el agua, como si fuesen gigantescas aves.

Ya he tratado de hallar la gráfica interpretación del asombro, del temor, que esas máquinas extrañas debieron inspirarles.

En una fantasía científica intitulada *Quiron*, he introducido el episodio de la estadía de Magallanes en aquel puerto desolado, y he puesto en boca de los patagones, entre otros diálogos, el siguiente:

—"¿Has visto eso que volaba sobre el agua como un pájaro?

—Sí —replicó *Yaten*— es la "cosa" en que andan los hombres de cara de nieve.

—¿Adónde irán, *Yaten*...? ¿Quién sabe si no vuelven al obscurecer e intentan sorprendernos, arrebatarnos nuestras mujeres, y después matarnos para que los caranchos nos arranquen los ojos y las pumas nos coman el corazón...? Hagamos humo, mucho humo, para que venga *Yauke* que caza en las "tierras altas"; pero antes preparemos nuestros arcos y flechas.

—Bien me parece el hacer la señal de llamada; pero pienso que los hombres de cara de nieve se van para siempre, a morir quizá allá en dónde el sol no quema nunca, en la tierra de los *Ahyrhes* que comen carne de sus hermanos."

....

Los ancianos Papón, Gunelto, la bruja Jatachuena, recordaban que la presencia de los españoles en San Julián había infundido en los tehuelches un asombro sin límites: hacían mención de las brillantes corazas, de los cascos relucientes y de las largas y tajantes espadas de los conquistadores.

En el siglo anterior al actual, vivían los tehuelches en la desembocadura de los grandes ríos, vagando con frecuencia al borde de la mar.

¡Cuántas veces escudriñarían el horizonte incierto, creyendo ver surgir la silueta de una nueva nao!

Esa centuria pasada debió ser de ansiosa expectativa para los patagones.

Pero llega D. Antonio de Viedma a San Julián, echa los cimientos de "Florida Blanca", entabla con los indios las primeras relaciones de intercambio, agasaja al cacique Negro, obsequia a las mujeres con vistosos abalorios, que desde ese momento forman parte del atavío de las jóvenes, y el temor se trueca en alegría, falso miraje de esos niños grandes que incautamente caen en la trampa de la conquista...

Desde ese día el indio está perdido: un anhelo nuevo se ha despertado en su alma, nuevas necesidades, todas superfluas, van a influir en adelante sobre su voluntad.

San Julián se despuebla, los soldados de España se han reembarcado; pero el tehuelche no se conforma con tan inesperada partida. Se habían acostumbrado a su amistad; se habían dejado engañar con promesas ilusorias; se habían deslumbrado las mujeres con las mil baratijas importadas del Río de la Plata; y aquella brusca desaparición de los hombres de *cara de nieve* era para ellos como un acontecimiento nefasto.

Se echaron a andar por los campos; en los torreones del fuerte de Deseado, habían visto flamear el estandarte acuartelado del rey, y pensaron que quizá allí estarían sus amigos.

¡Vano empeño! También habían partido aquéllos... Y el indio siguió de cara al norte, y fue entonces que las tribus del sud volvieron a pisar las márgenes del Río Negro.

Desde entonces, Patagones fue para ellos el objetivo anual. Allí cambiaban sus productos, las plumas del avestruz, las pieles del guanaco; en cambio recibían las primeras telas, los primeros útiles de cocina, las primeras armas de fuego y el "fuego líquido" que ha encendido tantas guerras intestinas y rebajado tanto el nivel moral de las tribus meridionales.

Cuenta la leyenda que poco antes de la llegada de los hombres blancos al país, los patagones habían rechazado una invasión de guerreros procedentes del norte, y agrega que eran feroces; que usaban coletos de pieles y se servían del arco y de la flecha. Hubo combates sangrientos en todas partes, en el *Shehuen*, en el valle del río Santa Cruz, en las riberas del mar, y sólo mediante un esfuerzo supremo, esfuerzo de todas las tribus reunidas, se consiguió repeler al enemigo.

Sigue después un largo período de reposo, sólo interrumpido a intervalos por la extraña aparición de algún buque europeo; hasta que a fines del siglo pasado o principios del actual vuelve a arder la guerra, esta vez intestina, en el valle de Gallegos.

Las tribus del norte combaten con las del sud; los guerreros de éstas se refugian en las grutas basálticas del paraje que hoy se conoce con el nombre de Huan-aike: allí se atrincheran y arrojan sobre sus contrarios una lluvia de piedras y de flechas: aquéllos van al asalto, se encaraman sobre los bloques desprendidos del negro frontón, se escurren como lagartos, y a favor de la obscuridad de la noche logran llegar hasta las mismas bocas de las cuevas; juntan después haces de leña, encienden grandes hogueras y a su cárdeno resplandor, centenares de hombres y mujeres caen sin vida o cautivos de sus crueles vencedores.

Sea de esto lo que fuere, lo cierto es que en las cavernas de Huan-aike se han hallado y se hallan aún huesos humanos y porción de armas de piedra, como bolas arrojadizas y puntas de flechas.

En los tiempos más modernos comienzan las incursiones vandálicas de los araucanos. Las tolderías tehuelches son sorprendidas y asaltadas al amanecer, se combate cuerpo a cuerpo, a lanza, a flecha, a bola: los ancianos inermes son estrangulados; las mujeres y los niños huyen despavoridos; al alarido de los unos responde el grito de venganza de los otros; todo es confusión, y la sangre humedece la tierra. Los tehuelches casi deshechos se reorganizan, estrechan sus filas, y después de algunos momentos rechazan a la horda araucana que huye llevándose no pocas mujeres y niños cautivos.

Estas *razzias* se repiten de tiempo en tiempo pero el éxito no es siempre el mismo; los araucanos vuélvense a veces diezmados y arrepentidos.

En ocasiones son los tehuelches quienes van a buscar a sus enemigos, y las mismas escenas de sangre tornan a repetirse bajo otras latitudes.

Ya estamos en la época reciente; los vivanderos de Punta Arenas —conduciendo cargueros de aguardiente— llegan cada día a los toldos y las orgías se suceden a las orgías; el indio es despojado de cuanto tiene de valor: por un caballo recibe tres botellas de alcohol; por un *kai*, una botella. El pillaje no tiene límite; hasta le arrebatan al pobre indio el abrigo que echa sobre sus hombros; y cuando los aventureros se retiran, la tribu queda sumida en el dolor y la miseria.

IV

El *tzóneka* es un dialecto gutural, aglutinante. Un examen detenido de su índole gramatical nos podría poner en el terreno de deducciones de un orden verdaderamente científico, llegando quizá a descubrir el grado de parentesco real que pueda tener, ya con los demás dialectos sudamericanos, ya con las lenguas muertas del viejo mundo; pero para ello sería menester mayor número de datos que los que he podido recoger hasta la fecha. No obstante, quien se interese especialmente en los estudios lingüísticos, quien desee rastrear el origen del dialecto patagónico, puede poner a contribución el *Vocabulario* y *Fraseología* que complementan este libro.

Aunque oral, el *tzóneka* ha conservado a través del tiempo su invariabilidad esencial.

La vida nómada de las tribus tehuelches en el desierto, su alejamiento de las poblaciones argentinas; sus poco frecuentes relaciones con los araucanos, su aislamiento, en suma, en una región inmensa de territorio, que ha exigido y exige aún del indígena la agrupación en tribu, sin lo cual la caza sería eventual y la vida más precaria, todo esto ha contribuido a que el *tzóneka* sea hoy, a corta diferencia, el mismo dialecto del tiempo de Magallanes.

Si se comparan las voces recogidas por el caballero Antonio de Pigafetta, cronista de aquel ilustre navegante, con los vocabularios de don Antonio de Biedma, de D'Orbigny, Musters, etc., se verá que no hay error en lo que afirmo. Tal vez se me objete la discrepancia radical de algunas palabras, comparadas exprofeso, pero éste sería un argumento muy débil si se atiende a las condiciones evolutivas a que están sujetas las lenguas habladas, y a que aquélla no altera en lo mínimo la unidad lingüística. Y si a esto agregamos la precipitación con que han debido formarse aquellos vocabularios, los defectos de fonación, y las diferencias naturales que dimanan de la nacionalidad del observador, aquella objeción deja de ser atendible.

Los tehuelches, como he dicho, carecen de medios exteriores para representar y fijar su pensamiento; pero no por ello olvidan los acontecimientos más remotos de su colectividad. En general están dotados de una memoria sobresaliente que apenas si disminuye con los años: de aquí que los ancianos sean como el archivo de los sucesos que han ocurrido en el pueblo tehuelche desde su origen mítico hasta el día; conservando los detalles más importantes de sus poéticas tradiciones, que desgraciadamente los ancianos ya no se refieren en torno del fuego a los jóvenes tehuelches, amenguados en la estatura, corrompidos, alardeando de todos los vicios importados por la plebe cristiana.

Es cosa sabida que los dialectos bárbaros sudamericanos, con exclusión del quíchua y del guaraní, cuentan con un reducido número de palabras, y que sus signos numéricos no pasan de cinco. Los tobas, en el Chaco, y los alacalufs en la Tierra del Fuego, son las agrupaciones humanas típicas a las que se puede aplicar este detalle lingüístico.

Por lo contrario, los tehuelches tienen un sistema numérico que representa cierto progreso relativo. Hasta los niños saben contar de corrido de uno a cien, y aquellos indios que mantienen relaciones comerciales con los cristianos, no sólo lo hacen sin equivocarse hasta mil, sino que también formulan cálculos elementales, como sumar y restar.

En cuanto a riqueza de lenguaje, pienso que el *tzóneka* debe figurar inmediatamente después del quíchua y del guaraní. Su sinonimia es varia, y no sólo tiene una voz propia para cada objeto de la naturaleza, sino que también expresa ideas abstractas de un orden superior.

El respeto o más bien el temor que inspira la muerte al indio contribuye a veces que caigan en desuso palabras que antes se empleasen de continuo. Ejemplo: Hasta no ha mucho la grasa era designaba con la voz *ham*, pero como muriese un indio cuyo nombre era homónimo, tácitamente los parientes y amigos del muerto suplantaron la palabra *ham* por la de *golósjken*. Hoy, la primera está casi olvidada.

Un pueblo cazador, un pueblo nómada como es el tehuelche, mal podía haber llegado al nivel intelectual y moral de otras agrupaciones sedentarias sud-americanas; pero si bien es cierto que bajo aquellos aspectos se halla a enorme distancia de los quíchuas y guaraníes, que conservan respectivamente su poesía tradicional, —el poema Ollantay, y ciertas melodías rústicas,— no por ello carecen de sentimiento poético; el mito de *El-lal*, sus apólogos, sus rudas y tristes canciones, pienso que bastan para demostrar la verdad de esta afirmación.

☙❧ ☙❧ ☙❧

EL ZORRO Y LA PIEDRA

Un zorro desafió a correr a una piedra: ésta se excusó:

—Soy muy pesada.

—Correremos cuesta abajo de ese cerro —insistió el zorro.

—Soy muy pesada... pero guardaos de mí...

—¿Alcanzarme? ¡qué locura! Yo corro como el viento.

—En fin, corramos— dijo la piedra.

Y el zorro partió como una flecha... Se echó a rodar la piedra entonces, y de tumbo en tumbo, fue a herir de muerte a su rival, que ya llegaba al pie del cerro.

EL ZORRO Y EL PUMA

Un puma se encontró al linde de un pajal con un zorro muy donoso.

(Es de advertir que éste tenía un vistoso copete en la cabeza.)

—¡Qué lindo adorno llevas, amigo mío! ¿Cómo lo has confeccionado? —habló la fiera.

—Muy sencillamente: raspéme la cabeza con un pedernal, y luego introduje en ella las lindas plumas del avestruz.

—¡Qué admirable! Yo deseo someterme a la misma prueba. ¿Quieres tomarte la molestia de hacerlo por mí?

—De mil amores.

Y el zorro comenzó a raspar el cráneo del puma, hasta que le hubo adelgazado lo suficiente para quebrarlo de un solo golpe de pedernal.

Y murió el puma.

Estos dos apólogos revelan una tendencia poética y un pensamiento filosófico bastante elevado, que resalta también en otra forma de intelectualidad, en sus "Proverbios":

—No hay bastardo que sea bueno. *Kómeshlk al'n kéte'n huacho.*

—La puma pequeña vuela más ligera que la grande. *Aur'k talenk euk jensh chaenk aur.*

—El perro persigue al zorro, y le mata; pero llega el puma y mata al perro. *Jelenue k'etáshk páten emáshk, eme t'ak taguenshk golni eme t'amashk.*

V

Como debe comprenderse muy bien, el tehuelche casi desconoce el arte musical; el único instrumento que le es propio consiste en un pequeño arco como de un pie de largo y un tercio de pulgada de diámetro, hecho de madera flexible y con cuerda de cerda de caballo. Un hueso pulido y a veces con dibujos esculpidos, húmero de cóndor casi siempre, le sirve de complemento; humedécenlo ligeramente con saliva y mientras por una de sus extremidades conservan apoyado el arco en la dentadura, tomado el otro extremo con el pulgar y el índice de la mano izquierda hacen pasar aquél suavemente sobre la cuerda, y por este medio, alzando alternativamente el índice o el anular, obtienen sonidos tenues que dicen ellos imitan el galope del caballo y el ruido del viento.

Este instrumento favorito de los jóvenes se llama *Koolo*. Síguele el conocido tamboril que antes se construía con una especie de jofaina pequeña de madera de roble u otra, recubierta con un pellejo fresco de guanaco o de liebre, que al secarse, amarrado, quedaba perfectamente distendido.

El *Koolo* constituye aún el entretenimiento de los niños en las horas calurosas de verano. El tamboril es el instrumento de la danza a que los indios son muy dados: le tocan con dos palitos rígidos y livianos, e interviene en todos los regocijos de la vida.

Tienen un baile único y éste se denomina la "Danza de los Avestruces", en la que los jóvenes y a veces hasta los ancianos pretenden imitar los graciosos contoneos de aquellas aves cuando se buscan en la estación del celo, o cuando confiadas andan de aquí para allá en los campos, picando flores o buscando insectos.

El nacimiento de un niño, la perforación de las orejas para colgar el aro de plata –lo que nunca se efectúa antes de la edad de cuatro años–, la primera menstruación de la mujer (*enak*); el matrimonio, etc., son objeto de bulliciosas fiestas en que se baila alrededor de los fogones encendidos al aire libre, bajo los rayos del sol o en la obscuridad de la noche.

El detalle más interesante de estas fiestas (*apeshk*) es que sólo bailan los hombres en medio al círculo de las mujeres que permanecen sentadas palmoteando y cantando a la vez.

Aquéllos bailan con las piernas y el dorso desnudos; llevando sobre el pecho bandas de cuero con cascabeles y sujetas con la vincha, en la cabeza, algunas plumas largas de avestruz. "La danza" dicha consta de cuatro partes: cada una de ellas corresponde a distinta tocata, y cada vez que debe cambiarse la figura, los danzantes se apartan del círculo para volver en seguida en fila indiana y a paso que casi podríamos llamar gimnástico.

Las canciones o melopeas tehuelches son de una monotonía desesperante: cuando se las oye en el silencio de las noches del desierto causan una impresión desagradable; tienen algo del chirrio del mochuelo, parecen imitar los ruidos confusos y lastimeros del viento:

> Ya yau güe
> Ya yau güe
> Ya gu gué
> Mai ya gu gué
> Mai go yú
> Maigo beyú
> Eye mai gabu-ye.

Esta muestra intraducible de poesía tradicional no basta para juzgar del temperamento melódico de los tehuelches; pero aunque se trate de una melopea bárbara, ella revela ya cierto grado de civilización.

☙❧ ☙❧ ☙❧

VI

Las nociones astronómicas de los tehuelches se limitan al conocimiento de algunas constelaciones. La posición de *Cheljelen* (Orión) determina la edad del año *(Sorr)* el que consta de doce lunas (*Shegüenon*). Principia a contarse en Septiembre y se divide en cuatro estaciones: la del deshielo y el pasto nuevo (primavera); la de los huevos de avestruz y guanacos chicos (verano); la de la grasa (otoño), y la del frío (invierno). El cómputo del tiempo se hace siempre por lunas o soles, y dícese así:

¿Quenkai sorr ma? (¿Cuántos años tiene usted?).

¿Quenkai shegüenon yana ma? (¿De cuántas lunas sóis madre?).

El día se llama como el sol *kenguenkin:* para el tehuelche, éste expresa aquél.

La vía láctea es el sendero de los guanacos.

Marte es el *carancho* que acecha en los campos del cielo.

La Cruz del Sud es la huella del avestruz.

Las manchas o nubes de Magallanes son los revolcaderos de los guanacos.

Los tehuelches creen que la tierra está inmóvil en el espacio: que el sol, la luna y todos los planetas y estrellas dan vuelta alrededor de nuestro globo, y que las estaciones se reglan por el calor solar.

Distinguen los puntos cardinales y sus derivados:

al norte llámanle *Penken*; al sud *Ahoniken*; al este *Penkóken*, y al oeste *Teurken*.

☙❦☙❦☙❦

VII

La población tehuelche decrece cada día debido en parte al abuso de las bebidas alcohólicas y a las frecuentes riñas que dimanan de la embriaguez. En la actualidad escasamente pueden reunirse 500 individuos de esta raza.

Se hallan divididos, como ya lo he dicho, en tribus diversas, que si no obedecen a un jefe determinado como acontecía en otro tiempo, reconocen no obstante cierta superioridad en algunos de sus compatriotas, de quienes oyen consejos que observan cuando bien les place. Entre estos individuos de *distinción*, a quienes por costumbre se da todavía el nombre de caciques, figuran los llamados "Papón", "El Mulato", "Antonio", "Nahuel", "Calacha" y "Ojo de Pulga".

Dadas las condiciones de su vida nómada, resultado de la necesidad diaria e imperiosa de buscarse el alimento, se comprende muy bien que en un lapso de tiempo, relativamente breve, han de recorrer muchas decenas de leguas; y en efecto, así acontece: el área de caza de una tribu cualquiera, suele abarcar durante el año muchos centenares de kilómetros cuadrados. Esto lo exigen las condiciones naturales del país en que habitan: dilatadas mesetas, valles pequeños, pasto escaso, rebaños andariegos, nómades como el hombre, ora diseminados en las regiones centrales; esto en verano, ora reunidos en número incalculable a la orilla del mar, en invierno.

Pero como el país es enorme, las distintas tribus permanecen aisladas. A la fecha se alza un campamento tehuelche a orilla de la "Laguna Blanca", dominio chileno; otro en el valle de *Coy-Inlet,* un tercero en *Corpenk-aike* (Río Chico), estos últimos en la Gobernación de Santa Cruz; y al norte de esta se agrupan unos treinta toldos al borde del Senguerr, en la gobernación del Chubut.

Estas cuatro colectividades o tribus presentan los mismos caracteres étnicos generales; y lo que se diga de una puede aplicarse a las otras. Cuando se consideran del punto de vista estadístico-demográfico, lo que primero llama la atención es el escaso número de mujeres con relación a los hombres, a punto que puede decirse que para una de aquéllas hay tres de éstos. He aquí, entre otras, una de las razones capitales del decrecimiento de la población indígena. Diríase que la mujer tehuelche resiste menos en la lucha por la existencia, lo cual se comprueba hasta cierto punto si se atiende a la mortalidad de éstas, en las enfermedades epidémicas por ejemplo. Hace dos años se declaró la influenza en los toldos de *Coy-Inlet,* y el sexo femenino fue diezmado.

Siendo tan reducido el número de mujeres, lógico es suponer que los nacimientos sean escasos, y así acontece; pero he observado de poco tiempo a esta parte –lo cual importa una compensación–, que nacen más varones que hembras. Esto, en mi sentir, demuestra dos cosas: 1° Que el bienestar, si lo hay, en algo ha aumentado; y 2° que la unión entre india y blanco es más prolífica.

En los tipos de raza pura, la vejez es tardía y ésta se prolonga de una manera asombrosa para nuestro siglo. El cabello apenas si descolora a los cincuenta años, y aún conozco individuos que pasan de los sesenta y que no tienen ni una sola cana. Algo más; creo que en ninguna agrupación indígena que haya sido estudiada, se encuentran en relación numérica tantos longevos como en ésta. En la toldería de *Coy-Inlet* ya citada, figuran cinco longevos, cuyo total de años es más o menos de 385, que descompone así: 100, 65, 70, 80 y 70. Esta suma da un promedio de 75 años.

La mortalidad es normalmente mínima, pues salvo el caso, ya observado, de alguna epidemia importada, las enfermadades son casi desconocidas para el tehuelche. La neumonía es la única particularidad patológica que suele presentarse, en el invierno. Las fiebres eruptivas apenas si se conocen, y los únicos casos recordados se relacionan con incursiones al Río Negro; la tuberculosis no existe en la vida nómada; pero los mestizos suelen contraerla o revelarla cuando se radican en las poblaciones cristianas, y cambian su alimentación. Las afeccionas cutáneas son más frecuentes: el arestín, la tiña y la herpes parecen ser las formas principales y ellas se refieren a la niñez.

Puede decirse que las defunciones ocurren en su mayor parte por senectud, accidentes (caída del caballo, heridas o asfixia en el agua) o peste.

Los Indios Tehuelches, una raza que desaparece

Por lo que respecta a los caracteres étnicos propiamente dichos, el tehuelche ofrece a la observación muchas y notables particularidades, que hacen de él un tipo aparte en la serie de las colectividades indígenas. Su detalle anatómico es el más digno de estudio, y el que más luz ha de proyectar sobre su pasado incierto. Por la forma general del cráneo (*braquicéfalo*) se asemeja a los fueguinos Onas, a los Araucanos y a los Tobas del Chaco; pero de cuando en cuando suele presentarse a la observación una forma menos braquicéfala que nos revela la preexistencia de individualidades dolicocéfalas o por lo menos intermediarias entre las dos formas craneanas extremas.

Su estatura no tiene rival, pues aún deduciendo todas las exageraciones de antaño, resulta ser el tehuelche el hombre más alto del globo. Pero debe tenerse presente que las mediciones efectuadas se refieren sólo a individuos de raza pura y que han llegado a su completo desarrollo. Y hago esta salvedad, porque bien pudiera suceder que otros viajeros que me precedan en este género de investigaciones no hallen el mismo promedio de estatura que yo he hecho conocer desde hace doce años (1), que el sabio Mr. Topinard ha mencionado en su última obra sobre antro-

---

1. Las primera noticias de estos sudamericanos nos han sido transmitidas por el cronista de Hernando de Magallanes, el caballero florentino Antonio de Pigafetta, quien por primera vez les llama «Patagones», nombre que se ha conservado hasta hoy y que la mayoría de los autores han creído que expresaba lo propio que «patones», error que debe corregirse, pues que dicho nombre deriva más bien de la palabra *pátak* de origen quichua, pero incorporada al lenguaje de estos indios y cuya significación equivale a centuria, agrupación numérica que tal vez se hallaba en San Julián, a la llegada de los es-

pología, y que en el tiempo corrido hasta hoy, he tenido ocasión de comprobar. He dicho ya que el tehuelche mengua en talla, y la razón es bien sencilla: los ancianos van desapareciendo y los jóvenes que los reemplazan en la vida son en su mayor parte mestizos, es decir, hijos de blanco y de india, siendo estas últimas de menor estatura que los hombres de su propia raza.

El armazón óseo se distingue por sus formas macizas, por la longitud anormal de los fémures, por el desarrollo acentuado de la cavidad torácica, por la curvatura externa del húmero, por la amplitud ilíaca y el aplanamiento del calcáneo.

Entre los caracteres físicos, se observa una bien marcada gradación del color de la piel, según el sexo, según la edad, según la pureza del individuo. En los hombres sin mezcla de sangre domina un tinte facial olivado oscuro, que empalidece en el resto del cuerpo. En las mujeres la coloración es mucho menos acentuada, formando a veces contraste muy notable

---

pañoles, quienes oyendo decir tal vez a los indios interrogados "somos muchos, somos una centuria" pensaron que *pátak* era el nombre de aquellos salvajes. Y si se atiende a que los Patagones tienen los pies más bien pequeños que grandes, no podrá menos que aceptarse esta nueva interpretación que yo acepto con la autoridad inicial del Dr. D. Vicente F. López.
Según Pigafetta, los patagones habitaban como ahora en tiendas hechas con pieles de guanacos, y sus arreos militares o de caza consistían en arcos y flechas con puntas de piedra, della sorte di quelle che fanno fuoco. No tenían paradero fijo: *non hanno casa ferma ... vanno ora in un luogo ora in un altro*.
Agrega el mismo autor que eran hombres tan grandes que la cabeza de los españoles, apenas si llegaba a la cintura de aquéllos.
Después de Magallanes, otros navegantes y entre ellos Jofre de Loaisa, Alcazoba, Drake y Sarmiento de Gamboa, visitan con más o menos detenimiento las costas de Patagonia y hacen mención de la colosal estatura de sus habitantes, la que ya tenía intriga-

el tinte normal de la cara con la blancura relativa del pecho y de las piernas.

El cabello es netamente negro, lacio, grueso y tupido. Su implantación oblicua, rápido el crecimiento, tardía la descoloración.

Tienen los ojos negros, aparentemente pequeños debido a la estrechez de la abertura palpebral, cuya implantación es oblicua, como entre sus próximos parientes los Onas: la conjuntiva amarillosa, y todo el aparato ocular, que en la juventud se distingue por cierta vivacidad y energía, toma en los años maduros una expresión lánguida y adormilada.

La frente es baja y deprimida, debido a la implantación descendente del cabello sobre la bóveda orbitaria y al uso de la vincha desde la más tierna edad.

La nariz es, en general, roma, de amplias cavidades y rebordes gruesos, pero a veces se observa la forma aguileña y otras recta y de abultamiento anormal que singulariza en mi concepto al tipo tehuelche más acabado.

---

dos a los sabios europeos.
En la descripción del viaje de Loaisa (1525-1526) publicada por el historiador Oviedo, se lee lo siguiente: "Hallaron muchos ranchos y chozas de los Patagones, que son hombres de trece palmos de alto, y sus mujeres son de la misma estatura".
En la del viaje de Drake, efectuado en 1578, se contradicen por primera vez las exageraciones de Pigafetta y Oviedo.
Argensola, cronista del viaje de Sarmiento de Gamboa, dice en su *Historia de la conquista de las Molucas*, que los Patagones alcanzaban a tres varas de alto.
En la relación de los viajes de Cavendish, publicada por Pretty, no se inserta una palabra referente a la estatura de los patagones, aunque el nombrado navegante los vio en Puerto Deseado.
Ricardo Hawkins (1593) los toma en el concepto de verdaderos gigantes.
Oliverio de Noort vio en 1599, en Puerto Deseado, hombres de talla alta.
  El comodoro Byron, que cruzó el estrecho de Magallanes en diciembre de 1764, con

Los pómulos son abultados y salientes: grande y arqueada la abertura bucal y carnosos los labios; escasas las cejas y pestañas; redondeado y bajo el mentón; pequeñas, poco angulosas —deformados los lóbulos en las mujeres— e inclinadas hacia delante las orejas; el tórax saliente y fuerte, los brazos bien formados y más bien largos que cortos, las manos relativamente pequeñas y lo propio las extremidades inferiores.

En el orden de los caracteres fisiológicos, la respiración, la fuerza muscular, la sensibilidad en general se presentan desde luego como otros tantos detalles de un conjunto étnico particular.

Los caracteres fisonómicos, la expresión y la locomoción deben ser tratados con más detenimiento.

Ambos sexos llevan en sí el sello peculiar a todos los pueblos indígenas sudamericanos, y éste es el de la tristeza; detalle que se advierte al primer golpe de vista. Es un aire doliente, pesado, lánguido e indiferente a la vez, y sin que ello importe el querer hacer una frase, diríase que el tehuelche retrata en su semblante la desolación, la árida monotonía del país en que ha nacido.

---

los buques Dolphin y Tamar, pretende que los patagones son más bien gigantes que hombres de alta estatura.

El capitán Wallis, que pasó también por el Estrecho, en 1767, vio los gigantes de Byron, pero menciona que la mayor parte tenían apenas cinco pies y seis pulgadas.

El naturalista D'Orbigny, que tomó algunas medidas antropométricas en los indios del Río Negro, les asigna, término medio, 1 metro 730 milímetros.

El explorador Musters les da 1 metro 778.

He aquí en compendio todo lo que se ha escrito a propósito de la estatura de los indios

Es poco dado a la risa, y cuando lo hace es a manera de estallido, anormal, como que su temperamento no se presta a tal manifestación.

Por otra parte, he observado que conversan poco y con cierta indecisión, que en las horas aflictivas se convierte en balbuceo.

Dado este modo de ser, nada tiene de extraño que las manifestaciones de sus más íntimas alegrías, siempre breves, revistan un carácter de brusquedad turbulenta y salvaje.

Estos indios no se sorprenden de nada; todo lo miran con la mayor indiferencia, al menos aparente, y ni siquiera las obras arquitectónicas o mecánicas más notables despiertan en ellos signos externos de asombro. El cacique Papón visitó conmigo, no ha mucho, el Río de la Plata; mas nada llegó a alterar la fría serenidad de su rostro. Figurábame que todo le era conocido: ferrocarriles, monumentos públicos, instalaciones de industria, alumbrado eléctrico. Lo único que llegó a interesar su curiosidad fue la pareja de elefantes del jardín de Aclimatación en Buenos Aires.

—¡Oh! ¿Cómo llamar ese animal grande?... *Ketcshk*

---

patagones o tehuelches.
Los últimos autores son los que más se acercan a la verdad.
Los hombres que he medido personalmente en distintas épocas no exceden de 1 metro 860 y el promedio antropométrico es de 1 metro 852.
Las mujeres son más bajas que los hombres, y las mediciones efectuadas dan para ellas un promedio de 1 metro 770.
Los tehuelches son, pues, los hombres más altos del globo. (De mi libro: *Mis exploraciones y descubrimientos en Patagonia*, 1880.)

(lindo) —agregó en su lengua; y se quedó callado, girando su mirada a otra parte.

La expresión facial parece como que se comunicara al cuerpo todo; y esto que tal vez parezca absurdo a muchos es para mi evidente. Observad a un indio que anda: su andar es vacilante, se inclina hacia el suelo, diríase que le abruman hondos pensamientos.

En general, los usos y costumbres de estos indios son muy interesantes y aunque ya se advierte en ellos la influencia de las agrupaciones cristianas, poco o nada han variado en el transcurso de la época histórica. El tehuelche de hoy es exactamente el mismo salvaje descrito por D. Antonio de Viedma, al finalizar el siglo XVIII, y hasta podría decir que su fisonomía moral no ha perdido en absoluto ninguno de los caracteres que le eran propios hace tres siglos.

También su facultad inventiva ha permanecido estacionaria, y sólo se ha apartado de la rutina cuando a principios del citado siglo dejó de ser peatón, para convertirse en semicentauro. Fue entonces que abandonó el arco y la flecha originarios, reemplazándolos con la lanza araucana más propia para la equitación. Fue entonces cuando aumentó su bienestar relativo, agrandando su choza de pieles, a la vez que extendió el área de sus incursiones tras el necesario alimento, aliviando a la mujer en las tareas domésticas, de las que en el día dan cabal idea los Onas de Tierra del Fuego que, tehuelches de origen, son la fiel imagen de lo que eran aquéllos a la llegada de Magallanes. Fue entonces que el hombre debió adoptar la poligamia; ya le era más fácil proporcionarse alimento y vestido, y el que tuvo más de dos caballos llegó a ser algo como un *Nabab*.

☙❧ ☙❧ ☙❧

VIII

Los tehuelches no carecen propiamente de organización social y política, sino que ésta se halla en su estado primitivo. Lo más acentuado es la *familia*, constituida sobre la base del matrimonio-compra, disoluble en cualquier momento, sin responsabilidad moral, sin erogaciones materiales.

La familia es divisible y el hombre, según sea su bienestar o riqueza, puede tomar una o más mujeres; pero comúnmente es monógamo, o cuando mucho, se permite el lujo de tener dos esposas. Esto es por lo que respecta al presente, pues que en tiempos pasados hubo cacique o jefe que llegó a tener hasta una docena de *odaliscas*.

El matrimonio tehuelche es una especie de concubinato; la mujer se compra, si no en el sentido estricto de la palabra, en una forma indirecta que casi llega a ser la misma cosa. Cuando un tehuelche desea casarse y tiene *novia*, entabla su petición directamente o por intermediario: "doy" o "da" tantos caballos, tantos perros, o un *chapeado* de plata y el padre, la madre o el pariente más inmediato, responde sin embajes "sí" o "no".

Si la oferta es aceptada, los valores pasan a ser propiedad del aceptante, con lo cual dícese recupera la familia lo que antes gastara en las fiestas del "natalicio" y de "los aros", de la joven.

Al día siguiente, salvo fuerza mayor, los recién casados se alojan bajo el mismo toldo el que a veces construyen ex profeso, con mantas nuevas, chaquiras, cascabeles, campanillas y *káicheles* o láminas circulares de plata fina y de fabricación indígena. La "Danza de los Avestruces", o alguna orgía tumultuosa pone término al acto.

El adulterio, que nunca va seguido de fuga ni escenas turbulentas, es poco común; y mientras el hombre no falte a sus deberes más imperiosos, salvo un estado patológico especial o cierta perversión del sentido moral a que han contribuido en estos últimos tiempos los cristianos, que viven en sus inmediaciones o en sus propias tolderías –cristianos que constituyen la flor y nata de la corrupción y de la rapiña– la mujer es siempre adicta y fiel a su marido.

Cada matrimonio, y con éste los hijos y los parientes más inmediatos, habitan bajo la misma choza o *kau*, en donde sólo es común el alimento. Toda pareja es en cierto punto independiente de las otras, y lejos de haber promiscuidad, guardan apariencias de pudor y recato, ocupando cada una un sitio distinto, separado de los otros por una especie de cortina o pellejo extendido.

La propiedad, que es individual, se transmite de padres a hijos y cuando éstos no existen heredan los parientes más cercanos; primero los del sexo femenino y enseguida los varones.

El parentesco es siempre respetado. La consanguinidad sólo es admitida hasta cuarto grado; y es costumbre que los tíos se hagan cargo y alimenten a sus sobrinos huérfanos. El padre es el jefe absoluto de la familia, pero ejerce una autoridad afectuosa, y casi nunca, en el estado normal de sus facultades, inflige castigos a su mujer e hijos; por lo contrario, es más bien débil con estos últimos, mimándolos hasta el punto que lo haría el más cariñoso de los padres civilizados. Bésanlos y les prodigan frases equivalentes a nuestra familiar "ricura", "lindo", "querido". Pero mucho más extremosas son las madres, quienes llevan su afecto y condescendencia hasta el punto de permitir que las peguen sus hijos.

Se ha dicho que la vejez inspiraba repugnancia y desvío. Nada más falso. El "abuelito" es siempre respetado y la madre anciana nunca da consejos en vano.

※ ※ ※

No existe el nombre de familia, y al recién nacido se le da cualquiera, muchas veces al acaso; otras consultando cualquier detalle de su físico, y así es que un indio se llamará *Ham* (grasa), otro *Terne* (alto, largo), el de más allá *Cor* (pasto) y la hermana de éste *Ashkake* (leña tostada) o *Azerr* (aguja). También han adoptado en estos últimos tiempos algunos nombres cristianos, como María, Mercedes, Juana, pero esta costumbre no hace camino. Ellos siguen prefiriendo las designaciones tehuelches, más interesantes, más en armonía con su manera de ser y de vivir.

Las distintas familias tehuelches reúnense en tolderías más o menos numerosas, que constituyen la tribu, pero cada hogar conserva su autonomía propia. Hasta ha poco, como ya lo he dicho, esas agrupaciones obedecían a uno o más caciques, cuya autoridad era sin embargo muy limitada; pero ello ha caído en desuso, y hoy cada jefe de familia hace lo que buenamente le da la gana, o cuando mucho oye el consejo del más anciano, del más rico, del más inteligente, ajustando a veces su conducta a los intereses de la comunidad.

Este estado de tribu se asemeja bastante al de los Árabes, pero es menos estable, y aun a veces basta el menor desacuerdo para que cada toldo vaya por su lado y la agrupación se disperse temporariamente.

He dicho que el tamboril interviene en todos los regocijos de la tribu.

Veamos en qué consisten esos regocijos.

En primer lugar figura la fiesta del recién nacido. Este fausto acontecimiento de la familia es siempre esperado con interés. Obsérvase que la maternidad es la preocupación constante y el anhelo de la joven primeriza a quien sus parientes y amigas dirigen de continuo cándidas o burlescas preguntas, relacionadas con su estado. Todo ello se comenta en los *kaus*, y no falta quien lleve cuenta prolija de los meses o lunas y hasta de los días del embarazo. Cuando éste se resuelve, tranquilamente, sin ayes, sin gritos, sin abluciones, pero con la ayuda de todas las comadronas, que son todas las viejas, el feliz acontecimiento vuela de toldo en toldo, y no pocas veces se despacha el *chasqui* que debe llevar a los parientes de otras tolderías la grata nueva del nacimiento.

Sigue a esto en el mismo día o al siguiente la demostración exterior del regocijo; sacrifícase uno o más yeguarizos; las *chinas* jóvenes toman su más rico atavío; el mate circula profusamente alrededor de todos los fogones; y la grasosa carne chirria en los largos asadores.

El recién nacido es objeto del más prolijo examen: a poco todo el mundo sabe cuántos *horres* (*) tiene, y si se parece a la madre o al padre.

Este aire de fiesta, estas manifestaciones naturales y sencillas sólo terminan en la alta noche, entre el ruidoso palmotear de las *chinas* y el tan-tan monótono de la "Danza de los Avestruces".

Cuando llega el niño a la edad de cuatro años se repiten las mismas demostraciones de alegría; y según sea su sexo, le perforan con aguja una o las dos orejas.

Enseguida introducen en el agujero o agujeros algunas cerdas de caballo o diminutas estaquillas de plomo.

Esta es la "fiesta de los Aros" que comienzan a usarse desde el momento en que cicatrizan las pequeñas heridas.

(*) Medida tehuelche, equivalente al palmo castellano.

La primera menstruación motiva también análogas demostraciones: pregona el suceso la madre de la joven; acuden a verla sus amigas, y en un momento se arma el toldo de fiesta en la misma disposición de los otros, pero en vez de pieles de guanaco se recubre el armazón con mantas, cojinillos y ponchos nuevos de confección indígena, a lo que se agregan manojos de plumas de avestruz, discos circulares de plata sujetos sobre tiras de cuero pintado; bandas también de cuero adornadas con cascabeles y sinnúmero de colgajos de campanillas con chorreras de cuentas azules, encarnadas y amarillas.

Allí va a sentarse la nueva mujer. Enciéndese enseguida la hoguera de la danza; fórmase el círculo de las *chinas* engalanadas, suena el tamboril y las bandas con cascabeles van a adornar los bronceados pechos de los danzantes.

Repítese entre tanto la indispensable comilona; mézclase a la algazara de los muchachos el murmullo monótono de las melopeas, y cuando llega la alta noche, la tribu queda como momificada en el silencio de los campos.

El último regocijo, en orden de tiempo, es el del matrimonio, y a corta diferencia se repiten las mismas ceremonias del que le antecede.

༺♰༻ ༺♰༻ ༺♰༻

Los tehuelches son poco expresivos en sus manifestaciones amistosas, sobre todo si ellas van dirigidas a algún cristiano. Pocos son los que dan la mano, uso que han tomado de la civilización, y cuando lo hacen, es como con cierta repugnancia. Entre ellos son menos fríos, y cuando vuelven a encontrarse después de larga ausencia, se saludan con la cabeza diciendo recíprocamente: *Wainguish? Wainguish?* (¿Cómo está? ¿cómo le va?). Al despedirse de sus mujeres son siempre más afectuosos y con frecuencia besan a los niños pequeñitos, para los que el más grandazo o más huraño de los indios siempre tiene una frase cariñosa.

He aquí una entrevista amistosa, rigurosamente exacta:

—*Wainguish?*

—*Shoyo* (enfermo).

—*Noyot, erro jeut.* (Gatee, venga aquí), dirigiéndose a un niño que hace una mueca de llanto.

—*Aulo m'on! Yateshk!* (¡Ya está! ¡Se enojó!)

☙❦☙❦☙❦

Siendo supersticiosos como lo son en grado superlativo, fácilmente se comprende que la *vendetta* les sea familiar. ¡Guay del que ha vertido sangre! Tarde o temprano los deudos del muerto le aplicarán la ley del Talión: el tehuelche sabe decir también "ojo por ojo, diente por diente".

Pero este rencor de la sangre tiene su reverso: el tehuelche es hospitalario casi tanto como el árabe, y en su hogar hasta el enemigo es inviolable. Pero no se crea que la hospitalidad del *kau* se manifiesta con cortesanías o exigencias molestas: nada de eso. El huésped se sienta donde más le place; descuelga el manjar más llamativo, alón o buche de avestruz, échalo en las ascuas, se lo come, luego toma mate si hay yerba, y enseguida, si es su voluntad, puede permanecer muchos días en el mismo hogar, comiendo y bebiendo sin preocuparse en lo mínimo del qué dirán. El indio nunca dice nada, y deja siempre comer al que tiene hambre, aunque éste sea un holgazán de profesión.

Lo que es extraño, dado este estado de vida libre, vagabunda y a veces precaria, es el respeto a la propiedad: el robo simple es casi desconocido y el salteo es algo tan inaudito para el tehuelche, que el que comete ese delito puede estar seguro de un castigo ejemplar.

IX

Es fuera de duda que los tehuelches primitivos habitaron en cavernas: yo he hallado en algunas armas, utensilios de piedra y hasta huesos humanos, que demuestran la preexistencia de agrupaciones trogloditas. Enseguida debieron utilizar los troncos y las ramas de los árboles y arbustos para construirse moradas más cómodas; y cuando supieron tallar rascadores de sílex y descubrieron el arte de la costura, fue entonces que abandonaron el *wig-wam*, hoy albergue de los Onas, por el amplio *kau* de pieles de guanaco. Esto último debió efectuarse mucho antes del descubrimiento del Estrecho, pues que Pigafetta, como ya lo he dicho en otro lugar, hace mención en su *Viaggio* de las habitaciones indígenas, que hoy subsisten.

El *kau*, toldo o choza actual, se arma enterrando en el suelo algunos palos o piquetes de roble, de una a tres varas de alto, y dispuestos en tres hileras: al frente, los más largos, luego los medianos y en la parte posterior, los otros. Sobre esta armazón tienden una especie de manta o cubierta hecha con pellejo de guanacos adultos, cuya lana, de intento, dejan al exterior. Estiran enseguida la cubierta, amarran su reborde frontal a los palos delanteros provistos de pequeñas horquetas y fijan en tierra con estacas los bordes laterales. Tal es el hogar tehuelche, obra exclusiva de la mujer.

Los trastos que le sirven de complemento, pertenecen a tres órdenes: 1º *pilchas* de dormir, almohadones forrados en bayeta, pellejos de carnero, pieles sobadas y pintadas de animales yeguarizos; 2º arreos de montar, riendas, enjalmas, cinchas de cuero, matras tejidas a mano, cojinillos de lana de colores y de hilo; y 3º útiles de cocina, ollas y asadores de fierro, teteras, jarros y platos de fabricación europea.

En último término figuran las menudencias, las mil chucherías indispensables en toda morada, ya sea de civilizados o salvajes.

X

No hace medio siglo que el hombre y la mujer tehuelches se vestían de igual manera: el *kai* o manta de pieles de guanaco era el único abrigo de ambos sexos. Pero, desde el día en que entablaron sus primeras relaciones de intercambio con los *pulperos* de Patagones, en el Río Negro, el *kai* llegó a ser casi exclusivo del hombre, reemplazándolo la mujer por una túnica de algodón o de lana, ceñida al cuerpo y sin mangas, sobre la cual lleva en todo tiempo el *shalgue* o manta de abrigo, superpuesta por otra de zaraza o de lienzo, que sujeta al pecho mediante el *kaichel* o disco prendedor de plata fina.

El hombre ha adoptado también algunas prendas del gaucho argentino: usa amplio calzoncillo, *chiripá*, camisa, sombrero y botas que asegura bajo la rodilla con vistosas ligas de lana, confección de las mujeres indígenas.

Éstas, cuando jóvenes, se adornan a su manera, según su idea estética: gastan grandes aros de plata, de manufacturación tehuelche; gastan sombreros hechos de junco y bayeta, con abalorios y laminitas de plata, sombreros que se asemejan a los muy conocidos de la China o más bien a esos platos o recipientes que emplean los mineros para el lavado de arenas auríferas.

Dada la manera de vivir de la mujer, al hablar de sus adornos me parece natural hacer mención de su "montura". Es en esta que despliega el mayor cuidado y lujo, y basta la inspección del arreo para juzgar del bienestar de cualquier "china" joven.

Suele ser considerable el número de mantas y cojinillos que las más ricas y coquetas disponen con cierto arte sobre los grandes bastos pintados y a veces con cabezadas de plata laminada. Mas no se piense que esos tejidos de confección indígena sean mostrados de diario en los hogares, o que se utilicen en las camas. Nada de eso, cualquiera que sea su valor, se guardan arrollados en la parte posterior del toldo, y, cuando muere quien los posee, se les arroja al fuego sin titubear. Tal es la antigua costumbre.

Hombres y mujeres se pintan el rostro, y estas últimas con más frecuencia. Emplean colores minerales (ocres) que fácilmente obtienen de los barrancos terciarios u hondonadas del país.

La pintura roja es la más usual; enseguida la negra, y luego la blanca. La primera es la de los regocijos, la otra expresa duelo, y la blanca parece haber tenido en otra época una significación guerrera.

Todos estos colores son preparados con grasa de guanaco, y se les conserva en tarros pequeños.

El tatuaje, que ellos llaman *chaine*, es de uso común y puede observarse en casi todas las mujeres de alguna edad. La operación es dolorosa, dicen, cuando se hace en el pecho, pero apenas sensible en los brazos o en las manos. El instrumento que se emplea es casi siempre una aguja de enjalme, y el dibujo poco vario: círculos, cruces y rayas paralelas.

Aunque no tengo seguridad de ello, creo que tal costumbre expresa un sentimiento de duelo, como lo expresan las heridas que las mujeres suelen hacerse en la piel con ayuda de cualquier instrumento cortante.

☙ ☙ ☙

XI

Si es un hecho que el medio físico-climatológico imprime en el hombre el sello de su carácter, es indudable que esta ley natural se manifiesta en la familia tehuelche.

El habitante de Patagonia es la expresión moral y física del país en que vive. Su taciturnidad, su inconstancia locativa, su lenguaje aglutinante, rudo como los silbos del viento; su misma hospitalidad, su poca cultura, sus supersticiones, su régimen alimenticio, su manera de vestir, y hasta el aire encorvado e indeciso en el andar, son las resultantes de aquella influencia fatal.

En este orden de ideas se comprende perfectamente que el tehuelche carezca, como carece, de toda industria, de todo arte. La mujer sabe hilar y tejer la lana, pero su aprendizaje es de ayer no más; lo debe a la araucana.

No cultiva la tierra, tampoco tiene ganados. Vive nómada y a caballo como un centauro, y desde su niñez hasta que muere, no hace más que cazar, y lo hace para alimentarse y vestirse.

El guanaco y el avestruz son la base casi exclusiva de su alimentación, y la "picana", o parte posterior, los alones y el buche de este último, constituyen el manjar predilecto. Apetecen también la carne de yegua, se regalan con un pequeño armadillo, muy abundante al norte del río Santa Cruz, cazan la liebre campestre en las mismas latitudes, y no desperdician las aves de laguna, los gansos, los patos, las avutardas.

Estas últimas les brindan abundante cosecha de huevos, pero prefieren los de avestruz, que comen casi siempre asados al rescoldo, sin preocuparse en lo mínimo de si están o no incubados.

No comen pescado, ni tampoco cerdo. Estos dos animales son considerados como inmundos, manifestando para ellos una repugnancia invencible.

¿Cuál es la razón de tan extraña preocupación?

Nada he podido dilucidar, pero me inclino a creer que en lo primero obedecen a una superstición relacionada con el mito de *El-lal*.

Ese régimen plástico es el permanente, pero a veces echan mano de las hojas y pecíolos del *taraxacum* o achicoria silvestre, y extraen de los parajes húmedos, unas raíces o tubérculos azucarados y blancos que ellos llaman *jaye* o *péchoro*, según sean cortos o largos, prefiriendo los primeros que indistintamente comen crudos o ligeramente tostados al rescoldo.

Gracias a las relaciones comerciales frecuentes que mantienen con los cristianos, desde cuarenta años a esta parte, han introducido en su alimentación algunos artículos de los que hoy no pueden prescindir, como la yerba-mate, el azúcar y la harina.

También hacen uso del café, pero nada prefieren tanto como el alcohol, de cualquier especie y calidad que sea, y para obtenerlo no omiten sacrificio alguno.

Aguardiente, Cogñac, Ginebra. He ahí la tríada a que rinde culto el tehuelche moderno; he ahí la obra de la civilización; he ahí la causa más poderosa de la extinción rápida de tan noble raza.

※ ※ ※

La caza es casi diaria, y constituye, como ya lo he dicho, la primera y más importante ocupación de los tehuelches. En ella toman parte todos los hombres aptos, y a veces sólo quedan en los toldos los enfermos y los niños pequeños. La elección del paraje en que ha de cazarse es siempre anticipada, con frecuencia discutida, o dejada al arbitrio del "capitán del campo", designación que se da sino al mejor cazador, al más hablantín, al más entusiasta o exigente.

Desde muy temprano recogen las caballadas; enlazan luego los flacos rocines o los briosos redomones; echan sobre éstos las enjalmas de madera de roble que ellos mismos confeccionan, y en parejas o uno detrás del otro van a reunirse a un sitio dado, que es propiamente el punto de partida. De ahí toma cada uno la dirección que más le cuadra, o la que el "capitán del campo" le indica; y andando ora al trote, ora al galope, forman un círculo enorme que poco a poco van estrechando. Así consiguen encerrar un gran número de animales, que huyen de todos lados hacia el centro del "cerco", y en brevísimo tiempo, sin esfuerzo ni fatiga, les cogen con boleadoras, y ayudados por numerosas cuadrillas de perros, siempre escuálidos, pero rápidos, de razas diversas, en su mayor parte semigalgos importados del Río Negro.

Suele ser enorme el número de guanacos y avestruces que aprisionan de esa suerte, y luego se dan tal maña en despanzurrarlos, y disponerlos sobre los "recados", que hay cazador que regresa a su hogar con un guanaco adulto entero y media docena de avestruces. Cuando esto acontece, los *kaus* toman un aspecto de fiesta, sus palos delanteros se inclinan al peso de la carne; chirrían en los fogones las "picanas" y los buches apetitosos; husmean los perros con verdadero deleite; y mientras llega el momento de la comilona, circula el mate de mano en mano, servido por el ama de la casa, que se muestra complacida.

¡Pobres indios! Quien como yo haya asistido a vuestros regocijos de familia, en la hora melancólica que precede a la noche; quien como yo os haya oído decir que la vida es "buena"; quien conozca vuestras inquietudes, y temores de cada día, o haya sondeado vuestro corazón infantil, os dedicará como yo un afectuoso recuerdo.

¡Pobres tehuelches! Cuán felices no seríais de nuevo, si al despertar una mañana, alguien os dijese que los hombres blancos se habían marchado para no volver jamás. ¡Ah! sí, lo que os falta, lo que echáis de menos, lo que entristece vuestro espíritu es la libertad perdida, la libertad antigua en medio de los campos desiertos, sin el fantasma de la civilización invasora.

Hoy todo ha concluido o va a concluir para el tehuelche; el pastor le repele, la oveja rumea donde antes lo hiciera el guanaco. Todo está en su contra: los gobiernos le abandonan, y el vivandero cristiano, despiadado, le emborracha para despojarlo de cuanto tiene.

¡Destino fatal!

꧁꧂ ꧁꧂ ꧁꧂

VOCABULARIO Y FRASEOLOGÍA
DE LA LENGUA TZÓNEKA O TEHUELCHE

A

Año. – *Sorr.*
Avutarda. – *Támlen.*
Amansar. – *Kámme'n.*
Arrugado. –*Káspat.*
Afuera (exterior). –*Huaye.*
Aguja. – *Jol'n.*
Amargo. – *K'tárjn.*
Alisar. – *Guáfenen (?).*
Argolla. – *Góter (?).*
Agua. – *Ámien* (anticuada)
Ahora. – *Másho.*
Alumbrar. – *Kénghnjesh.*
Asqueroso. – *Ehuéstek.*
Alfiler. – *Azerr.*
Abuelo. – *Ibay.*
Abuela. – *Koguer'e.*
Argentino (Lago). – *Charre.*
Amarillo (color). – *Huaïtenk.*
Azul. – *Kálten.*
Allá. – *Mone.*
Agarrar. – *Kshars.*

B

Bostezar. – *Kómpenshk.*
Bolax (Terremoto). – *Tápel.*
Boca. – *sham'a* (a muda).
Bigote. – *Ashchij.*
Brazo. –*Hosh.*
Bota (calzado). – *Chók'rr.*
Bolear. – *Korigueshk.*
Blanco (color). – *Ornek.*

C

Carneando. – *Éekesh.*
Cerca. – *Ekel.*
Cincha. – *Gueniguen'e.*
Corazón. – *Shîj.*
Cuzco (perro). – *Chéchuen.*
Columna vertebral. – *Oïj.*
Codo. – *Teksh* u *Orterhénk.*
Clavícula. – *Hôgüe.*
Cerebro. – *Chêter.*
Cuadrado. – *Chiluêtejen.*
Cavidad del ojo. – *Ótel Kauk'n.*
Cuero. – *Kái.*

Cisne. – *Kókne.*
Corva. – *Guenke'n.*
Celos. – *Ináish.*
Collar. – *Guerrok'n.*
Caracol. – *Kéu.*
Carbón de piedra. – *Yach'n.*
Carancho (ave). – *Kharro.*
Cuidar.- *Kámarosh.*
Cicatriz. – *Oójer.*
Cielo. – *Kóotch.*
Callado. – *Peshpe.*
Caspa. – *Jepperr.*
Colorado. – *Kápenk.*
Cabeza. – *Ch'ter.*
Cabello. – *Gohte.*
Cráneo. – *E'rhue.*
Ceja. – *Kashchij.*
Cortar. – *Chérshk.*
Calambre. – *Karrót.*
Celeste. – *Káltenk.*
Cansado. – *Huóte'n.*
Cantar. – *Keuórresk.*

CH

Chueca (juego). – *Zanj* o *Zánj'e.*

D

Dejar ahí. – *Ikérnoshk.*
Descuerar. – *Kásh-côt.*
Dedo. – *Horre.*
Dientes. – *Orr.*
Desplumar. – *Olmosh.*

E

Estribo. – *Késhon.*
Enojarse. – *Ihaten.*
Exclamación de duda y burla. – *Kóch.*
Espejo. – *Keyôit.*
Entrad.- *Hash'e.*
Estornudo. – *Perh'n.*
Escupir. – *Tép'n (?).*
Entrar. – *Yáshesk.*
Enterrar. – *Kájeshk.*

F

Frutilla (Fragaria chilensis). – *Châte.*
Frente. – *Téuk'n.*
Frazada (cobertor). – *Shalgue.*

Flamenco (ave). – *Kápenk.*
Flecha. – *Shôt.*

G

Gracias. – *Nákel.*
Gato doméstico. – *Nash'k.*
Gato cimarrón. – *Pel'n.*
Guanaco. – *Lailj* o *Nau.*
Grueso. – *Daúnk.*
Guanaco chico. – *Corho.*
Golpear. – *Kájesh.*
Grasa. – *Ham.*
Gaviota (*Larus*). – *Coken'n.*

H

Hombre. – *Ahl.*
Hilar. – *Mékej.*
Hígado. – *Guaij.*
Hilo. – *Téi.*
Hembra. – *Chame* o *Sémóen.*
Hipo. – *E'kjsh* (*onom*)
Hacha. – *Pélk.*
Hermano menor. – *Igohu.*
Hielo. – *Tharr.*

Helado. – *Potharr.*
Huevo. – *Om'e* o *Na.*

I

Invierno. – *She-yay.*

J

Juntos. – *Huauri.*

L

Lanza. – *Huaike.*
Liar (envolver). – *Kójen.*
Loro (Conurus patagonus). – *Ka'Ka.*
Langosta. – *Chétn'e.*
Lechuza. – *Hámen.*
Lunar. – *Támmene.*
Lombriz (de avestruz). – *Kaiur.*
Lombriz (de tierra). – *Sháimer.*
Lindo. – *Ktshk.*
Loca (en el sentido de ramera). – *Bébês.*
Loca (en el sentido de aturdida). – *Chop's.*

Levántate. – *Aíno.*
Leche. – *Naj.*
Levantar. – *Kerosh.*
Labio. – *Kónken.*

LL

Llueve. – *Ináshk (?).*
Lluvia. – *Têu.*
Llorar. – *Éeshk.*

M

Mortero. – *Euke* o *Köchene.*
Murtilla (Mirtácea). – *Pótenk.*
Muñeco. – *Tapey'on* o *Sétehuen.*
Matambre. – *Chókel.*
Mentira. – *Társh.*
Mentiroso. – *Tarsh', K'ho. Társh-ko.*
Mosquito. – *Têlgo.*
Macho. – *K'jey.*
Mañana. – *Nash.*
Marca (de hacienda, a fuego). – *Akérôjen.*
Mucho. – *Zeus.*
Mano. – *Tchen.*
Mariposa (lepidóptero). – *Chélelon.*

Morder. – *Shósk*.
Morir. – *Jameshk't*.
Mojar. – *Chajeen*.
Mandar. – *Omash*.
Mujer. – *She*.

N

No. – *Güigshk* o *K'om*.
Noche. – *Ténsh*.
Niño. – *Hámel*.
Nariz. – *Orr'e* (e muda)
Nieto. – *Elkek'n*.
Negro (color). – *Pólnek*.
Nuera. – *Yermshk*.

O

Omóplato. – *Ak'en*.
Ojo. – *Otel*.
Oreja. – *Shaan* o *Sha-an*.
Oíd. – *Huá*.
Otoño. – *Képenk'e* o *Kápenk*.

P

Pensar. – *Joomsh*.
Pintura. – *Ajenue-mak*.
Pintarse. – *Keesh'n*.
Pseudo-escorpión (alacrán). – *Térter*.
Palma de la mano. – *Káyônk'n*.
Pelvis. – *Goj*.
Pómulo. – *Kóo*.
Pulsera. – *Jéntek*.
Punta. – *Béul*.
Pie (el). – *Alh*.
Pegadle. – *Kajién*.
Perdido. – *Uáitshk*.
Pasado mañana. – *Eun'nash*.
Palpar. – *Siáchesp*.
Primo hermano. – *Y-jeu*.
Prima hermana. – *Jemónshk*.
Perro. – *Jélenue* o *Uáchene*.
Prestar. – *Toyot*.
Padrastro. – *Ipank*.
Primavera.- *Yesúmk*.
Pedir. – *Arrna*.

Q

¿Qué? (¿qué cosa?). – *Kél*

Querer (amar). – *Osh*.
Quitar. – *Sheek*.

R

Retírate (apártate). – *Nishki*.
Riendas. – *Joom* o *Guérrjenue*.
Recado (montura). – *Tassk'e*.
Respirar. – *Jôje*.
Riñón. – *Tap*.
Rótula. – *Tépen'e*.
Relincho. – *Arranshk*.
Rodilla. – *Tep'ne*.
Raspar. – *Jalon*.
Raspador de vidrio. – *Eno* o *Een*.
Raspador de piedra. – *Kátu*.
Redondo. – *Korternk*.

S

Sí. - *Hohn'æ*.
Sífilis. – *Kálch*.
Soplar. – *Shajo'n* o *Shap'n*.
Silbar. – *Shamáishk*.
Sobrino carnal. – *Imehj*.
Salmón (color). – *Paitenk*.

Solferino (color). – *Góltenk.*

T

Tarde, ocaso. – *Gólek.*
Tener. – *Elshk.*
Tripa. – *Lée.*
Tripa gorda. – *Choo*
Tirar. – *Keiten.*
Talón. – *Terr.*
Tristeza. – *Jómchen.*
Tabaquera. – *Pát.*
Tatuaje. – *Shaine.*
Trueno. – *Karrótn.*
Tocar. – *Karruérrek.*
Tío carnal. – *I-kono'm.*
Toldo (tienda de cueros). – *Kau.*
Tacuara (Bambusa). – *Surûhm.*

U

Uña. – *Káchuel.*
Usted. – *Aue.*

V

Viento. – *Joshen*.
Volar. – *Jen'sh*.
Víbora. – *Chaknnemên*.
Vejiga. – T*eep*.
Viene. – *Agüe*
Viedma (Lago). – *Kélt*.
Verde (color). – *Jéseltenk*.
Violeta. – *Sêjérnek*.
Vaca. – *Choij*.
Vidrio. – *Kat*.
Verano. – *Zórk'n*.
Vos. – *Maye*.

Y

Yugular. – *Chat*.

FRASEOLOGÍA

A

Aulo mon. – ¿Ya estás ahí?
Aúr kogen. – Aten pluma.
Arshi mate koshk. – Quiero mucho mate.
Azer'm'huátek. – Se me cayó la aguja.

C

Côtê néshk. – Tengo sueño.

CH

Cheche me ma o *Choche-m-má.* – Tienes una.

E

Eu nash lékesk. – Pasado mañana córrese.
Emeshk ya kal'm. - Sí, es mi hijo.
Emesh coosh. – Te quiero.

G

Gene omshkesh ahoniken. – Más tarde sabré tehuelche (?).

H

Herro chano. – Venid, pues, o Vamos pues.
Herro kote'n. – Vamos a dormir.
Hare k'shorre josh. – El viento es muy fuerte.
Hueneshk ni she. – Esta es mi mujer.

J

Jénere a-mot. – ¿Quién viene?
Jénere e-mot. – ¿Quién llegó?
Jama-ténshk. – Voy a ensillar.
Jónchespk. – Tengo tristeza o pena.
Jauke k'ochon. – Dos cargueros.
Jelenue pai ma. – Cásate con un perro.

K

Kómeske-nijats. – No quiero comer.
Keikhemot. – Dame agua.
Kene-m'iame. – ¿Cómo se llama?
Ketesh k'cahuel ma. – Tu caballo es muy lindo.
Kénemo paijen ma. – ¿Dónde está tu cuchillo?
Kénemo paijen ya. – ¿Dónde está mi cuchillo?
Kosmeshknicote's. – No quiero dormir.
Kénguejshk yeike. – Vislumbre del fuego.
Kénguejshk lehe. – Vislumbre del agua.
Kólken gagüe. – Arrea los caballos (imperativo)
Kélmeksh gagüey. – Llevar caballo de tiro.
Kómeshk ni omk'n. – No sé lo que es.
Keu máurek'ye. – Déjalo allí.
Mone k'ye. – Pónlo allí.
Kénemeyashen. – ¿Cuál es la mía?.
Kápeshk guenigue'n. – ¿Está apretada la cincha?
Kékel térshk ténon. – La noche es muy larga.
Kólsh m'tn jelenue. – Está aullando un perro.
Kene kérnen amot. – ¿De dónde viene?
Kenkaik'n hamel ma. – ¿Cuántos hijos tiene Ud.?

L

Lee kápenshk. – Trae agua.

M

M'carrhe jamsh. – Está por morir (?).
Mat güenen pey. – ¿Por qué no estás callado?
Maitene mak. – Hazlo de nuevo o sírvelo de nuevo.
Ma éyot choche fósforo. – Tu me das un fósforo.

N

Nash-eshúaenk. – Mañana me voy.
Nash-ékeen. – Ayer llegaron.

O

Okarejats. – ¿Quieres comer?

P

Potarhésk. – ¡Está helado o escarchado! ¡Cómo no!
Patshango. – ¡Está fresco! ¡Cómo no!

O

¿Quéteksh eyóshs? – ¿De qué te ríes?

S

Saihueshk'nos kau. – Hace calor en el toldo.
Sorno oye'n. – Ensille ligero.

SH

Sháiunk kénguenkin. – Día de calma.
Shégüenon mâ huan. – Luna nueva.

T

Tash'me. – Es mío.
Teu's'inashpek. – Está lloviendo.
Tárjén'k'leesh. – Tomar mate amargo.

U

Uénemen hunkál'm. – ¿Este es tu hijo?
Uaingsh. – ¿Cómo está?
Uaingsh ténsh. – ¿Cómo está esta noche? o buenas noches.
Uhshjatiépshk. – Estamos comiendo.

Y

Yashk ai téyot. – Dadme fuego o el fuego.
Yam'ishk cigarro choche. – Yo te doy un cigarro.
Ya achrt lesk. – Yo tomo mate.
Yonineu yergüe. – No le asustéis.
Yjatiéspshk. – Estoy comiendo.
Yhateshk. – Se enojó.
Yaten ekéleshk. – Se está por enojar.

Z

Zeusk'telgo. – Muchos mosquitos.

NUMERALES

Choche	1
Jauk	2
K'ásh	3
Kágue	4
K'tzen	5
Huenakash	6
K'ooke	7
Huene kague	8
Jamaktzen	9
U'kaken	10
Coche kaur	11
Huame kaur	12
K'ash kaur	13
Kague kaur	14
K'zten kaur	15
Huenakash kaur	16
K'ooke kaur	17
Uenakague kaur	18
Jamaktzen kaur	19
Huamenoukaken	20
Huamenokaken choche kaur	31
Pátak'a	100
Choche k'pátak'e	101
Huaranka	1000
Coche hauranka	1001

Nota. – Para completar este *Vocabulario y Fraseología* véase: *Mis exploraciones y descubrimientos en Patagonia*, libro ya citado.

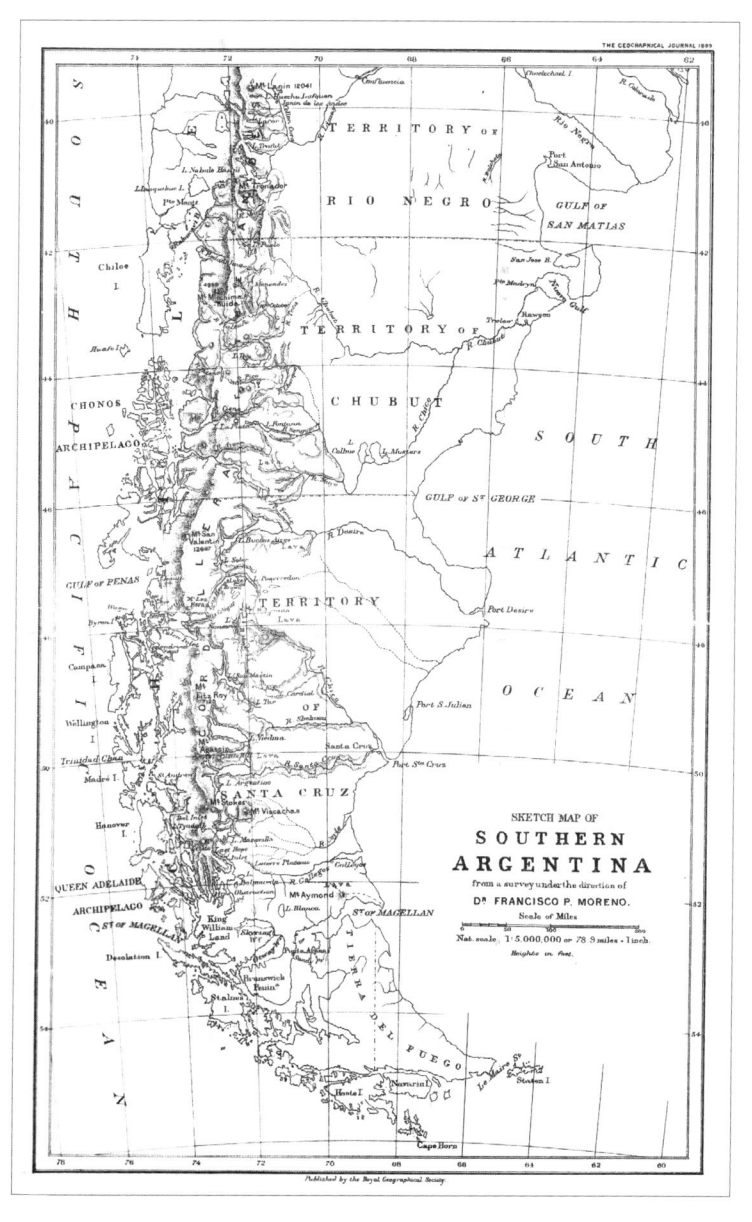

Mapa del Sur Argentino supervisado por el Perito Moreno aparecido en The Geographical Journal, de la Royal Geographical Society (Londres, 1899). Obsérvese que la escala está planteada en millas.

Ramón Lista hacia 1885

El explorador con su padre D. Adolfo Lista

La esposa del explorador, Dña. Agustina Andrade

El suegro del explorador, el poeta Olegario V. Andrade

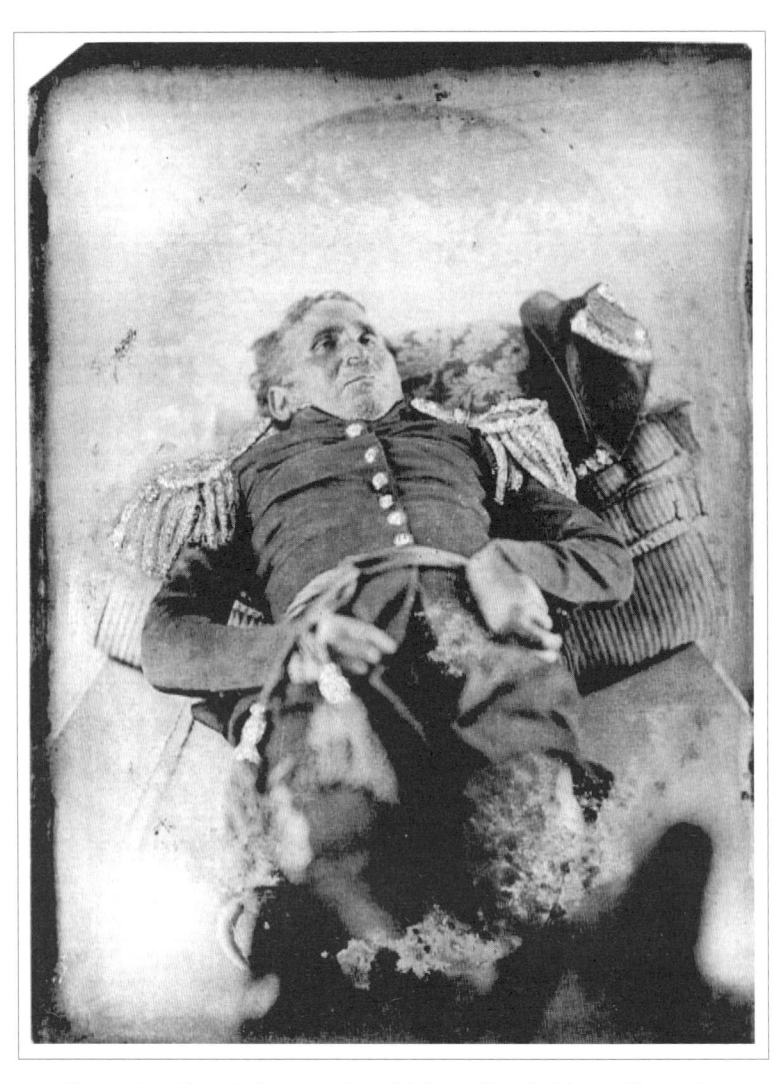

Reproducción del daguerrotipo del Cnel. Ramón Lista y Viamonte, abuelo del explorador (1798-1855)

Carlos María Moyano, primer gobernador del Territorio Nacional de Santa Cruz y amigo de los tehuelches

VIAJE
AL
PAIS DE LOS TEHUELCHES

EXPLORACIONES
EN LA
PATAGONIA AUSTRAL

POR

RAMON LISTA
Miembro de varias sociedades científicas

PRIMERA PARTE

BUENOS AIRES

PUNTOS DE VENTA:	IMPRENTA
LIBRERIA EUROPEA, 242 FLORIDA	de
LIBRERIAS	MARTIN BIEDMA
DE JOLY Y RENE Y MENDESKY	133 - BELGRANO - 135

1879

Portada de la primera edición del "Viaje al país de los tehuelches"

REVISTA
DE LA
SOCIEDAD GEOGRÁFICA ARGENTINA,

Publicada bajo la direccion de su Presidente
D. Ramon Lista.

| TOMO I. | JULIO DE 1881. | ENTREGA I. |

ACTA DE INSTALACION

de la

SOCIEDAD GEOGRÁFICA ARGENTINA.

Ramon Lista.
Aditardo Heredia.
Diego G. de la Fuente.
Olegario Andrade.
Angel J. Carranza.
Manuel B. Gonnet.
Cesáreo Dominguez.
Adolfo Escalada.
José A. Broches.
Angel R. Ferrando.
Nicolás Matienzo.
Daniel Aubone.
Ignacio Ferrando.
Diógenes Decoud.
Gervasio Paez.
Cárlos M. Urien.
Luis Arditi y Rocha.
Antonio Tuduri.
José M. Grita.
Manuel E. Pineda.
Marcos Jons.
Juvenal Villanueva.
Teodoro Mora

En Buenos Aires, á diez de Mayo de mil ochocientos ochenta y uno, reunidos los señores al márgen inscritos, en el local del «Centro Industrial Argentino,» con el propósito de establecer una asociacion geográfica, el señor Presidente interino don Ramon Lista, declaró abierta la sesion y manifestó en un breve discurso, la necesidad de fundar una sociedad que tuviera por objeto, vulgarizar los conocimientos geográficos y fomentar la exploracion de los territorios desiertos de la República.

Despues de estenderse en otras consideraciones, pidió al señor Secretario interino la lectura de la nómina de los señores que deseaban formar parte de la asociacion, en el carácter de socios fundadores.

Leida que fué, el señor Presidente pidió á la Asamblea la aprobacion de Reglamento provisorio que habia confeccionado, y que sometia á la decision de la Asamblea.

Leido el Reglamento por el señor Secretario, el doctor He-

Portada de la Revista de la Sociedad Geográfica Argentina, de la cual Lista fue su primer presidente.

Carta de la Sociedad Geográfica de Francia, firmada por Ferdinando de Lesseps, mediante la cual se lo nombra a Lista miembro correspondiente.

Koila, quien fuera compañera del explorador y madre de su hija natural Cecilia Ramona Lista

Arriba, Copacho; en la página siguiente, arriba, Rosario Guerra o Ayanch. Abajo a la izquierda, Casimiro Biguá hacia 1864 y a la derecha Koila, ya mayor, que moriría en 1938.

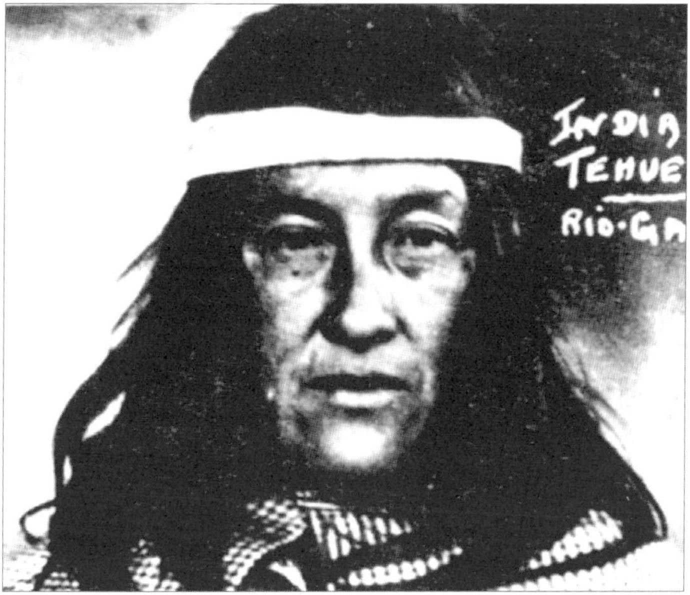
INDIA
TEHUE
RIO·GA

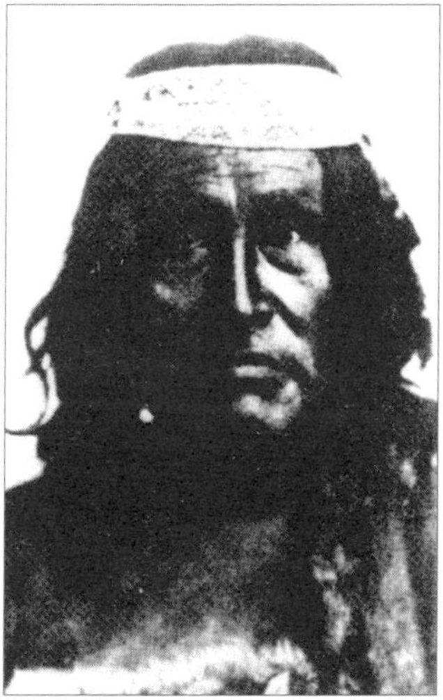

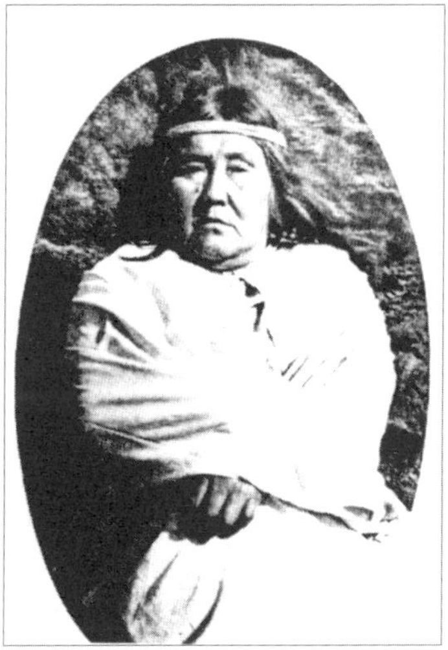

"La raza de gigantes". Casimiro Biguá, segundo desde la izquierda y Orkeke en el quinto lugar

La familia indígena del explorador en su toldo. Segunda desde la izquierda, Koila; cuarta, Cecilia Ramona Lista

Cecilia Ramona Lista, segunda desde la derecha

Segunda desde la izquierda, la hija del explorador

RAMON LISTA

Comprobación del crimen

INHUMACIÓN DE SUS RESTOS

Después de un largo y penoso viaje, que ha durado dos meses y trece días, regresó ayer de Salta la comisión nombrada por el Instituto Geográfico Argentino para conducir á esta capital los restos del malogrado explorador Lista y proceder al mismo tiempo al esclarecimiento del hecho que dió por resultado la muerte del mismo.

Los miembros de la comisión mencionada, compuesta de los señores Santiago Paris, Carlos Correa Luna, J. Aparicio, Jorge Navarro Viola y Julio R. Garino, han dado satisfactorio cumplimiento á su triste misión, recogiendo todos los datos que acerca del lamentable hecho han podido recoger, de los cuales se desprende que la muerte de Lista es debida á un asesinato como lo preveíamos, haciendo conjeturas y deducciones al comentar la carta que el acompañante del explorador, Alberto Marcoz, nos enviara desde Orán.

En el extenso sumario levantado por la comisión del Instituto, figuran varias declaraciones que, como la de Lamadrid por ejemplo, pueden constituir pruebas irrefutables del crimen.

El Sr. Matías Lamadrid, hombre serio y de antecedentes recomendables, que goza en la localidad de Orán del aprecio de los buenos vecinos, declara que á fines de octubre pasado, precisamente en la fecha en que Lista debía llegar á Orán, se le presentó Alberto Marcoz proponiéndole asesinar en Miraflores á un viajero acaudalado procedente de Buenos Aires; se trataba de un negocio seguro y sin responsabilidades, pues el proponente era amigo de las autoridades de la ciudad.

El medio á emplearse para la consumación del hecho sería: el cuchillo, un arma de fuego y en caso de no atreverse á usar este procedimiento para el caso de los fines expuestos, emplear el veneno, para lo cual le fué entregado un líquido de color blanco, lechoso, contenido en un frasco, del que debía emplearse cierta cantidad en una taza de té, agregándole bastante azúcar para disimular el gusto.

También le dijo Marcoz al declarante, que en caso de demorar el viajero su partida á Miraflores, el con y otros verificarían el crimen en el pueblo. No era esta la primera vez que se pedía á Lamadrid su cooperación para actos semejantes; anteriormente el mismo Marcoz y otro individuo le

Crónica de la inhumación de los restos del explorador Lista (Diario La Nación, Buenos Aires, 24 de febrero de 1898).

ÍNDICE

Sobre el autor 7

Dos palabras 23

Los indios tehuelches 31

Vocabulario y Fraseología 91

Ilustraciones 111

Impreso en: **Artes Gráficas Urano S.R.L.**
Castro 928 (C1217AAJ) Ciudad Autónoma de Buenos Aires
e-mail: uranoartesgraficas@speedy.com.ar
Abril de 2006